Elmar Salmann OSB

Geistesgegenwart

Figuren und Formen des Lebens

Spuren

Essays zu Kultur und Glaube

hg. von Joachim Hake
und Elmar Salmann OSB

Elmar Salmann OSB

Geistesgegenwart

Figuren und Formen
des Lebens

1. Auflage 2010
Deutsche Erstausgabe

ISBN 978-3-8306-7430-6

Bibliografische Information der Deutschen Bibliothek
Die Deutsche Bibliothek verzeichnet diese Publikation
in der Deutschen Nationalbibliografie;
detaillierte bibliografische Angaben sind im Internet
unter http://dnb.ddb.de abrufbar.

Umschlagmotiv: P. Meinrad Dufner OSB, Münsterschwarzach
Umschlaggestaltung: Martina Heuer
Druck und Bindung: EOS-Druck Sankt Ottilien

Vorwort

Seit langem kreist mein Denken und Träumen um eine lebensdienliche Theologie – eben des Lebens selbst, wie es erlitten, gestaltet und bestanden, auf sich genommen und gefasst wird, um Worte wie Lebenslauf, Lebensweise, Lebensparabel und die vielen Bilder und Ahnungen, die von ihnen geweckt werden. Und ich fragte mich, ob in solchen Motiven sich nicht eine Art von Geistesgegenwart ankündigte und ereignete, die zugleich gesammelte Aufmerksamkeit und endlich Präsenz jenes Anwalts und Trösters wäre, der nach der Schrift und christlicher Erfahrung unserer kleinen Existenz aufhilft, sie herausfordert, trägt und unterfängt, ihr Seele und Lebendigkeit einhaucht, eine Erschlossenheit für jenes Geheimnis, das der Mensch in sich austrägt und doch nie zu fassen weiß.

Eine solche Theologie der Lebenserfahrung und -gestaltung hätte ich gern geschrieben, die sich an vielen großen Gestalten der Heiligen- und Geistesgeschichte orientierte (und etlichen wird der Leser hier begegnen) und der Seltsamkeit unserer Biographien Ansehen, Horizont und Tiefe ablauschte. Bis ich eines Tages entdeckte, dass ein solches Buch ohne mein Bemerken schon geboren und gewachsen war. Ein treffendes Gleichnis für die geheime Fruchtbarkeit und Bestimmung von Leben: viele Anlässe und Gelegenheiten hatten mich ermutigt und genötigt, über Logik und Gestalt von Lebenserfahrung nachzudenken – und am Ende sprang ein Reigen von Texten heraus, der sich zu einem offenen Ganzen fügt, ein Gang durch Jahrhunderte und die Jahre, die einem jeden Menschen zu leben zugetraut und zugemutet

sind. Leben als Spur und Gleichnis des in und an ihm vor-
übergehenden Gottes ...

Womöglich könnten Schriftsteller dergleichen viel besser als
Theologen. Da stehen mir im Moment zwei Kölner sehr verschiedenen Zuschnitts vor Augen. Hanns-Josef Ortheils ‹Die
Erfindung des Lebens› (das sich im Motiv der verstummten Mutter von ferne mit Camus' postum erschienener Kind-
heitsbiographie ‹Der erste Mensch› berührt) und die von
Dieter Wellershoff versuchte Röntgenaufnahme der heute
fast unmöglich scheinenden Existenz des christlichen Pfar-
rers ‹Der Himmel ist kein Ort›: „Alles war, wie es war. Zu
ändern war nichts. Plötzlich spürte er, dass er etwas essen
musste, um nicht umzukippen. Die erbärmliche Unbelehr-
barkeit des Lebens, dachte er. Gut, dass es sie gab" (S. 292).
Warum es so gut ist und sich der Mensch bei alldem so viel
denken kann und muss, darum mag es in den folgenden
Versuchen gehen.

Abtei Gerleve, Juli 2010
Elmar Salmann

Inhalt

Teil 1
Eröffnung

Die Macht des Vielleicht

Christentum als Ereignis und Ferment eines möglichen Lebensstils

Der christliche Glaube ist nichts Selbstverständliches mehr. Es ist, als ob wir die abgelegenen Gefilde eines mittlerweile überholten Glaubens wiederentdeckten und erkundeten, der abseits der vorherrschenden Gesinnung liegt. Vielleicht ist die Stunde gekommen, wo das Christentum, da es nicht mehr als moralisches Gebot oder Dogma verordnet werden kann, sich als Motiv, als Einladung, als Möglichkeit und Landschaft anbieten lässt. Im Grunde war die Wirklichkeit des Glaubens niemals darauf beschränkt, eine Rechtgläubigkeit und sittliches Verhalten in Regeln zu gießen. Vielmehr hat sie sich stets an die innerste, die künstlerische Phantasie des Menschen gewandt, sein Dasein geprägt, hat den Vorrat seiner Bilder und seines Denkens bereichert. Und er wurde über Gesten, Lebensformen, über die Arten des Betens, Feierns, Denkens, Fühlens, Redens, Wertens, Blickens weitergegeben, also dadurch, dass er dem fließenden Vielerlei des Lebens eine Fassung gab.

Zunächst einmal möchte ich mich der Religion mit den Augen der Moralisten – von Montaigne bis Canetti – nähern, d.h. durch eine philosophische Tradition, die in der Theologie völlig vernachlässigt wird, und die dennoch die Bedingungen des Menschseins während der letzten vierhundert Jahre interpretiert, begleitet und beeinflusst hat. Wir könnten sie als einen nicht-geschlossenen, um die eigene Begrenztheit wissenden, aber starken Skeptizismus bezeichnen, der neue Formen der Lebensführung, des Für-Wahr-Haltens, der Kreativität und der Kritik entdeckt und nutzt, der all das in Frage stellt, was alle zu glauben und zu sehen glauben, der sich aber auch auf Möglichkeitshorizonte hin öffnet, an denen alle zweifeln. Dieses Spiel zwischen dem kleineren (zersetzenden) Vielleicht und dem größeren Vielleicht (das Wertschätzung und Ermutigung bedeutet) lässt einen freien, gelösten, gepflegten, leibhaftig-überzeugenden Stil erwachsen. Und ‹vielleicht› leiden die Kirche und das Gewissen der Gläubigen mehr am Mangel eines Stils, eines ungezwungenen Verhältnisses zwischen Glauben und Alltagsleben, am Verlust der Unmittelbarkeit im Denken, Fühlen, Blicken als an moralischer Strenge oder Dogmengläubigkeit.

So unterschiedliche Theologen wie Tillich und Ebeling haben dieses Bedürfnis erkannt. Im Anschluss an die Lebensphilosophie eines Simmel oder Landmann (doch wer würde nicht auch an das Pathos des Lebens bei Rosenzweig und Hannah Arendt denken?) beginnen sie mit einer Beschreibung dessen, was das Leben ist, bietet und begreifen lässt, wobei sie vor allem seine polare Innenspannung, wo nicht Widersprüchlichkeit herausarbeiten. Oft zeigt es sich dem Menschen als ebenso schicksalhaft-pathetische wie banale Realität; es drängt sich ihm auf, bietet sich an, umgibt ihn, verlangt nach Betrachtung, Deutung, Bewältigung, ohne je seine souveräne Mächtigkeit zu verlieren, dem gegenüber der Mensch ein unnützer Knecht bleibt; das Leben ist die Einheit von Kraft und Form, Schicksal und Freiheit, Notwendigkeit und Entscheidung, Konzentration und Abschweifung, Selbstermächtigung und Misshandlung, Existenz und Wesen; es ist stets mitbeteiligt am kreativen Hervorbringen, üppig und in Enge bedrängt, gefährlich, voll Sprengkraft und willenlos, verletzbar, geschenkt und aufgezwungen; immer von neuem zu empfangen und neu anzustoßen, voranzutreiben und zu zähmen; es verlangt vom

Menschen unerschrockenes Ausharren und sehr viel Wider-
standskraft, Geduld und Schmiegsamkeit, und schließlich
eine bedingungslose Hingabe; dieses geheimnisvolle Leben
ist in jeder Hinsicht einzigartig und dennoch auf Kommunikation angelegt, ausgesetzt und abgeschlossen und in all
dem Geist und den Rhythmen seines Anwesendseins, seiner Ausbreitung überraschend nahe: Geist und Leben – die
Schlüsselwörter des Evangeliums und des deutschen Idealismus; wenn wir dem noch die leibhaftige Geste hinzufügen,
haben wir bereits die Bestandteile beisammen, aus denen
sich der Stil jeder menschlichen Existenz aufbaut.

Dieses Leben ruft den Menschen an, ist zugleich etwas fest
Gegebenes und eine Wette, ist Gabe, Frage und Herausforderung, zeigt sich ihm als rohe Wirklichkeit und Bedürfnis, als notwendiges, aber nicht zu verwirklichendes Gebot:
Du darfst und du sollst leben, das Leben, das dir gegeben
worden ist, für dich erringen. Dieses Leben enthält auf na-
menlose Weise bereits alle Rhythmen des gläubigen Bewusstseins und der christlichen Mysterien: Geborenwerden
und Sterben, Gnade und Gebot, Einsamkeit und Bündnis,
seine ‹Unmöglichkeit›, aufgrund deren es sich in Versuchung
und Sünde verwandelt (wer würde sich nicht gegen das Leben und seine Ordnungsgefüge versündigen? Wer könnte
es als Geschenk, als Geschick, als Aufgabe und Herausforderung annehmen? Wer könnte je seiner Widersprüchlichkeit standhalten?). Dann gibt es die Augenblicke der
Befreiung, Erlösung, Verzeihung, Überwindung des Todes,
der Verwandlung der Materie und der Gemeinschaft im Geiste; und in all dem sollte sich der Gott manifestieren, der als
Macht des Schicksals, als Geber und Bürge der Freiheit und
der Gerechtigkeit angerufen wird, als lebendiger Urquell
und fragil-flüchtiger Horizont der Existenz: ein Reigen, der
Glauben und Leben verbindet, die sich wechselseitig erhel-

len und stützen, bereichern und prüfen, damit die Religion das Leben nicht zerstört, sondern unterstützt – und das Leben nicht in leere Banalität, in Abstraktion und Zerstreuung abgleitet.

Wie aber entsteht und bildet sich der Stil im Leben eines Bauern, oder die Art des Redens und Feierns bei einem Priester, der Schreibstil eines Dichters, jener unverwechselbare Tonfall in der Stimme, in jeder Geste, der uns ausmacht und wiedererkennbar werden lässt, so dass wir im Fall der Großen sagen können: das ist Cusanus, Mozart, Mondrian, er ist es und kein anderer? In erster Annäherung könnten wir eine Hypothese anbieten, die zwei Paradoxa enthält: eine wechselseitige Bedingtheit von objektiver und subjektiver Welt scheint notwendig; je mehr eine Welt, die Umgebung, die forma mentis eines Berufes und einer Funktion die Freiheit und die Gebärdensprache eines Menschen durchdringen – und umgekehrt, je mehr das Subjekt seiner Geste und den verschiedenen Formen der Vorstellung und der Gegenwart ein Gepräge verliehen kann, um so stärker wird sich zwischen diesen beiden Bewegungen eine Wahlverwandtschaft, ein fast alchemistisches, natürliches und gewolltes, instinktiv und verstandesmäßig erfasstes Verhältnis einstellen, ein freies und prägnantes Beisammensein, das uns von einem leibhaftigen, zuverlässig erfahrbaren Stil auch in all seiner Unvorhersehbarkeit sprechen lässt.

Dieses Paradox entfaltet und übersetzt sich in ein zweites: wer noch nicht vollständig Bauer, Ehepartner, Mutter, Vater, Priester, Arzt, Lehrer, Politiker, Fußballer oder Künstler ist, der ist es noch nicht; wer hingegen nur Bauer, Ehepartner, Mutter usw. ist, der ist es nicht mehr; ihm fehlt dann der Ernst der Verkörperung und zugleich auch die Distanz sich selbst gegenüber und der Sinn für die spezifische Differenz zwischen Person und Rolle, dem Ich und dem Selbst, der seiner Darstellung Freiheit und heitere Gelassenheit verleiht; die Person reduziert sich auf ihre Faktizität, wird zum bloßen Schuft oder Beamten, Bohemien oder Pfaffen, wird zur Ehefrau, die den Ehemann vernachlässigt – kurz: sie fasst sich in einer stark verengten Selbstdefinition zusammen. Schlechthin nur Ehemann oder Ehefrau, nur Arbeiter oder Künstler zu sein, das genügt nicht. Zwar soll die Person sich in der eigenen Rolle gleichsam verkörpern, vorbehaltlos als eben dieser Mensch darin mit Leib und Seele, mit Kopf und Gemüt aufgehen; die ‹Rolle› und die Art des Selbstausdrucks sollen in ihre Selbstwahrnehmung und Selbstdefinition einfließen, Teil des Wesenskerns werden, ohne darin völlig einzutauchen, aber es soll auch ein naturbelassener Freiraum bewahrt werden, der es ihr ermöglicht, alle jene Momente und Aspekte auszuleben, die in der vorherrschenden Rolle nicht ausgeschöpft werden; vielmehr ist die Person aufgefordert und gedrängt, die nachgeordneten Anteile ihres Charakters zur Geltung zu bringen, die vielleicht irgendwann wieder die Vorherrschaft übernehmen können. Der Stil ist die lockere Vermählung zwischen den verschiedenen Anteilen der Persönlichkeit, zwischen Rolle und Einsamkeit, Leib und Seele, zwischen festgelegter Gebärde und sprudelnder Geistesgegenwärtigkeit. Es liegt auf der Hand, wie risikobehaftet Entstehung und Bewahrung eines Stils sind und wie sie sich stets auf dem Grat zwischen Eigenbrötelei und Anonymität, zwischen Rolle und Originalität, zwischen Selbsteinschätzung und dem auf mich gerichteten Blick der anderen bewegen. Versuchen wir, diese Denkfigur, die wir Stil genannt haben, noch mit konkreteren Inhalten anzufüllen und ihre Entstehung zu erkunden!

Wir könnten von seiner Archäologie bzw. Protologie sprechen: alles das, was im Leben wichtig ist und sich ihm aufdrängt, erfordert genaues Aufmerken und Gehorchen. Die Entscheidungen sind nie ganz willkürlich, doch geht man in sie hinein und findet sich in sie verwickelt gemäß einer Logik, die niemals nur ‹meine› ist, obwohl sie das Gepräge meines Wesenskerns und meiner Selbstdarstellung ausdrückt und immer stärker damit verschmilzt. Wir eignen uns einen Stil an, indem wir Eltern und Lehrer nachahmen, große Texte lesen, die Techniken des Berufs erlernen (die dann zu einer Art gestischer ‹zweiter Natur› werden); wir sind ein Glied in der unendlichen Kette der Eltern, Priester, Ärzte, Bauern – und doch werden wir es auf je unsere Weise sein, sofern wir nicht in Bedeutungslosigkeit oder gar eine Art kontraproduktive Wirkung unserer Rolle und unseres Daseins verfallen wollen. Die Gesten des zukünftigen Stiles durchqueren uns, wachsen in uns und werden erst danach gelernt und verwandelt; je mehr eine Persönlichkeit sich einer solchen Gesellenlehre unterzieht und ihre Schuld gegenüber der Tradition einzugestehen vermag, um so stärker wird sie ihre Freiheit im Ausdruck finden. Je stärker jemand sich im Geist der Großmut und der Distanz als Sohn bekennen kann, desto mehr wird er Vater seiner selbst und anderer Menschen sein und neues Leben zeugen können.

So entsteht die Eschatologie des Stils, sein Sinn und seine Zukunft. Jemand lernt vorauszuplanen, sich auszudrücken und im eigenen Namen aufzutreten, fängt auf seine eigene Art das Essen, Schlafen, Arbeiten, Schreiben, Reden, Kommunizieren und Sich-Fortbewegen an, stattet sich mit Leib und Seele aus, entdeckt und entwickelt seine Potentia (Vermögen, Titel, Macht, Möglichkeit, zeugende und antreibende Kraft), wodurch er sich einen Charakter, eine Art sich durchzusetzen und im Leben zu stehen gibt. Seine Freiheit bleibt nicht in der Hülse des Privaten, sondern vergegenständlicht sich, bettet sich in einen Kontext ein (den sie zugleich auch umdefinieren und umgestalten kann) und wird darin allmählich zur Instanz, gewinnt ihre eigene Autorität und wird darin dem Zweifel, dem Widerstreit, der Verletzung ausgesetzt. Jeder hat seine Sprache, schafft um sich herum sein Wirkungsfeld und erfährt schließlich das, was er verdient: ein fruchtbares, unnachsichtiges Gesetz der Existenz, das oftmals mit erschreckender Präzision Bestätigung findet. Die griechische Tragödie und ebenso die Weisheit der Bibel haben diesen Aspekt des Lebens, den wir normalerweise zu verdrängen neigen, treffend erfasst.

Die Dialektik des Stils. Bei näherem Hinsehen auf die Physiognomie des Ereignisses und des Habitus des Stils müssen wir sagen, dass er sich aus einigen subtil-elementaren, doch leicht zu vernachlässigenden Dialektiken speist und in ihnen ausdrückt. Er entsteht aus einer Reziprozität und besonderen Konstellation zwischen der Schwäche und den Stärken einer Person, die sich in einem verheißungsvoll-fragilen Gleichgewicht anordnen und zueinander finden. Wer die eigene Schwerfälligkeit, das eigene Unvermögen nicht akzeptiert und mit ihnen zusammenarbeitet, indem er sie ins Produktive gewendet in die Grundlinien der eigenen Stärken und Talente einbaut, wer seinen Schwächen keinen Status und keine Statur zu geben vermag, der wird nie einen überzeugenden Stil entwickeln.

Eine weitere Dialektik ist die zwischen Einsatz und Ergebnis einer Handlung und des Lebens: Je mehr ich arbeite, investiere, mich ins Getümmel des Lebens stürze, um so mehr erscheint jeder gelungene Ausgang, jeder Erfolg, gewiss, als mein Verdienst, aber auch als Geschenk, als zusätzliche Vergünstigung, als Gnade; denn keine Anstrengung wird je einen glücklichen Ausgang garantieren können, der doch stets sich vielen unvorhersehbaren Bestandteilen verdankt, die zusammenfließen müssen. Und umgekehrt kann ich die Gnade nur innerhalb eines Engagements erfahren, erfassen und erkennen, das mich bis zur Erschöpfung, bis zur Selbstvergessenheit treibt. Nur im Leiden und Arbeiten wird der Mensch der Voraussetzungen und der Verheißungen, und auch der nie ganz verdienten Ergebnisse seines Daseins und Mühens gewahr. Alles wird ihm für eine gewisse Zeit leihweise überlassen, alles verdankt sich einem nie berechenbaren Überschuss. Der Stil erwächst aus einem Zusammenklang aus Mühsal und Gnade, der die Person und ihr Schaffen prägt und zeichnet.

Die beiden dargelegten Dialektiken münden in eine dritte: jene zwischen dem Einsatz und dem persönlichen Gepräge jeder Handlung, jedes Stils und seinem sozusagen anonymen ‹Hof› oder Nimbus. Letzterer verdankt sich einerseits der Unerheblichkeit und Austauschbarkeit jedes einzelnen von uns, die es mit nüchterner Bescheidenheit zu akzeptieren gilt. Aber dieses anonyme Wesen soll auch durch Scham und Zurückhaltung bewusst gesucht und gepflegt werden, die die eigene Präsenz umgeben und verschleiern. Stil verträgt keine Zurschaustellung der persönlichen Besonderheiten. Im Gegenteil: Je mehr jemand seine eigene Originalität entdeckt und entwickelt, um so mehr muss er auch den anonymen Voraussetzungen, der archetypischen Wahrheit seines Berufs den Vortritt lassen, sich zurückbinden an seine normale Gestik, sich einfügen in das institutionelle Umfeld, um den anderen einen Freiraum zu lassen; die Person muss ihre eigene Bedingtheit eingestehen, sich maskieren, sich ohne Bitternis zurücknehmen – und sich an jenem Scheitern messen, das sich in alles menschliche Handeln ein-zeichnet. Dieses Gesetz gilt auch für die Genies und die inspirierten Personen. Eine wirklich begabte, in ihrer Rolle engagierte Persönlichkeit muss oft anerkennen, dass sie nicht auf der

Höhe der eigenen Eingebungen, der übernommenen Verpflichtungen war. Es kann keinen Stil geben, ohne sich in die Risse hineinzuschmiegen, die die Person und ihr Umfeld auszeichnen.

Schließlich gibt es noch eine letzte Hürde, mit der sich die Ausbildung eines Stils zu messen hat: auf lange Sicht wird man immer stärker Protagonist und Opfer (bisweilen sogar Zuschauer) der eigenen Gestik, der eigenen Art des Malens, Predigens, Lehrens. Der Stil entwickelt eine Eigendynamik, die auf seinen Urheber zurückschlägt, der zu seinem Sklaven wird. Der Mensch wird zum Typ, der Vertreter von etwas, was ihn übersteigt und sich selbst entfremdet. Wenn er dieses Geschick mit Großmut anzunehmen versteht, zerstört ihn dies Unpersönliche nicht, sondern regeneriert ihn, übrigens nicht ohne eine tragisch-leidvolle Note. Die hellsichtige Pietas Luigi Pirandellos hat sich über dieses Hin- und Herschwingen zwischen Maske und Gesicht, Schein und Wirklichkeit, Theater und Welt, Rolle und Person, Selbstbild und Fremdeinschätzung gebeugt, also über jenen Prozess, in dem jeder Angeklagter und Ankläger, Staatsanwalt und Verteidiger, Richter und Zuschauer ist, wo jeder einem Maler gleicht, der von seinen eigenen Selbstporträts umgeben ist. Nur wenn wir uns in die soeben aufgewiesenen Dialektiken hineinbegeben und diese Rollen überstreifen, wird uns ein gewisser Freiraum gegeben, worin wir über uns selbst lachen und die Zügel einer Existenz in die Hand nehmen können, deren Herren wir niemals werden. Dieses Bewusstsein ist erste und letzte Voraussetzung des Stils.

Der Stil erwächst und bildet sich unter dem Druck der Erfahrung des Lebens, der er dann ihre Färbung und Wahrheit verleiht. Genauer gesagt ist er die Frucht und die Voraussetzung dieser reflexen Erfahrung, welche sie mit sich selbst und über sich selbst hinaus macht; der Stil und die Erfahrung mit der Erfahrung entsprechen einander und treten in eine Gemeinschaft des Erzeugens. Diese Alchemie entspringt aus der Rückbesinnung und Umkehr der frühkindlich-urtümlichen Erfahrungen, an denen Seiten entdeckt und zur Geltung gebracht werden, die unbekannt, verborgen geblieben, niemals gewollt sind und die doch akzeptiert und gewissermaßen verkörpert werden müssen. Insbesondere der anfängliche Grundzustand in den Gefühlen erfährt eine radikale Umwertung, um sich anschließend in Weisheit, Stil, in die Physiognomie eines mehrfach geprüften Menschen zu verwandeln. Was nämlich zunächst einladend erscheint, enthüllt anschließend sein hartes, schmerzvolles Antlitz, während die schicksalhaften Umschläge sich als notwendig und weiterführend erweisen. Der Mensch muss stets von neuem lernen, sich den Herausforderungen und Zumutungen des Lebens zu stellen, doch nur in diesen Zwischenräumen zwischen Anruf und Antwort, zwischen dem spontanen Gefühl und der Wiederbesinnung findet und bildet sich eine Freiheit, die nie als von sich aus Gegebenes, sondern nur als ein Erfasstes, Angerufenes, Errungenes und Verwirklichtes existiert. Wahrheit (die Kraft zur Antwort auf das, was mich anruft) und Freiheit (die Fähigkeit, das eigene Leben zu gestalten und ihm Sinn zu verleihen) werden im selben Moment geboren; ihr Wechselverhältnis ist der Keim des zukünftigen Stiles einer Existenz und all dessen, was sie verheißen und darstellen kann.

In all diesen Zusammenhängen erscheint der Stil als reale und transzendental-kritische Kategorie und Kriterium der Wahrnehmung und Verwirklichung des Lebens, ein geschichtliches Muster, das Anstöße liefert, Wege aufweist, Garantien und Urteilskriterien anbietet, um Formen und Dynamik der Existenz bewerten und nutzen zu können. Der

Stil scheint im selben Augenblick die Bedingung und die Verwirklichung, das Postulat und das Bewertungskriterium seiner selbst zu sein, die vollkommene Harmonie zwischen Ästhetik und Ethik, Erkenntnis und Sein, historischer und transzendentaler Ebene: eine Denkfigur, die Kant und Balthasar erahnt, aber nicht zu letzter oder zufriedenstellender Klarheit geführt haben.

Wenn wir nun zum alltäglichen Klein-Klein zurückkehren, müssen wir sagen: Der Stil wird nur dann frisch, hellsichtig, mitteilbar und lebbar sein, wird nur dann nicht in manieristische Stilisierungen oder klägliche Dürftigkeit verfallen, wenn er all den soeben genannten Bedingungen entspricht. Es ist nicht leicht, sich in diesen Zweideutigkeiten gewissermaßen ‹sturzfrei› zu bewegen, ohne die Widersprüche des Lebens zu begreifen und zu bändigen, die zugleich Impulsgeber und Stützgrund sind. Wenn auch nur einige Teile seines dialektischen Spannungsfeldes sich verschieben oder entfallen, dann beginnt das Gebäude in sich zusammenzusinken. Und nur wenige verstehen es, mit Stil zu scheitern, wenige schaffen es, den eigenen Fehlschlag als Chance zur Neuformulierung ihres existenziellen Kerns zu nutzen. Wer würde nicht gerne der Versuchung zum Abweg nachgeben, zum bequemen Geratewohl, zu einer strengen oder orthodoxen Askeselehre, zu einem rigorosen Kanon, der angeblich alle Probleme löst, uns aber die berüchtigte Freiheit nimmt, weil er alles Verhalten und alle starren Sprachklischees zur Beschreibung unseres Unglücks vorschreibt und vorhersieht? Noch schlimmer ist die Neigung zur Selbststilisierung, zum Rückzug in die Hülse eines verheißungsvollen oder unglückseligen Zugs des eigenen Charakters. Oft identifizieren wir uns mit einer fragwürdigen Seite unserer Persönlichkeit, einer schrulligen Eigenart, ja sogar mit all dem, was uns vor anderen und uns selbst unmöglich macht. Damit verwandeln wir ein wunschloses Unglück in eine geschützte Nische: eine Falle, der nur wenige zu entgehen wissen.

Ein Sinn für Stil, ja der Sinn des Stils hingegen würde die Verbindung von Ästhetik und Ethik vorantreiben, Tradition und Gegenwart, Schwäche und Macht, Anstrengung und Gnade, Scheitern (versteckte, schmerzhafte Niederlagen zeichnen schließlich jeden) und neuem Erstarken. Keineswegs bedarf es einer verklärenden Harmonie, aber doch einer überzeugenden Gestalt, die sogar die Mängel umarmt, sie belässt wie sie sind, sie mit einem duldsamen Lächeln akzeptiert.

Ein derartiges aus dem Leid und der Klarsicht entspringendes Lächeln ist vielleicht das keimende Ferment, welches die verschiedenen Moralisten verbindet, die den Lebensstil mit dem Schreibstil, mit einer hochgradig treffsicheren Sprache zu verknüpfen wissen. Unter diesen finden wir das zwischen Scharfsinn, politischer Praxis und tiefer Ergebung hin- und hergerissene Schwanken Guicciardinis, das ihn allmählich in einen hellsichtigen, untröstlichen Beobachter der Unmöglichkeit jeder menschlichen Teilhabe verwandelt. Dies lässt ihn zusehen, wie ein ständiges Umkippen zwischen Wahnsinn und Vernunft stattfindet, das er mit geradezu an Erasmus erinnerndem Blick erfasst. Dann gibt es den gelassenen Skeptizismus und die Öffnung zum individuellen Leben bei Montaigne, der auch den herkömmlichen Glauben akzeptiert, weil ein Wechsel noch schädlicher als die Beibehaltung der alten Gewissheiten wäre; die Hellsicht und unerbittliche Analyse der Widersprüche im höfischen und bürgerlichen Leben bei Pascal, Gracian, La Rochefoucauld; die tiefblickende Feinsinnigkeit von Schopenhauers Paralipomena und von Freuds Prosa; der beißende Witz und die treffende Formulierungsgabe eines Lichtenberg neben der gepflegt-konkreten Heiterkeit der Anthropologie von Kant. Die verzweifelte Existenz Nietzsches, der sich selbst zum Hauptdarsteller, Opfer, Zuschauer, Versuchskaninchen und Analytiker des Zusammenpralls zwischen der kleinen, uralten Welt des Christentums und dem neuimperialen Gestus eines Mannes macht, der sich von den Zwängen jeder Protologie und Teleologie emanzipiert hat. Und wer könnte wetteifern mit dem männlich-gebeugten Protest gegen den Tod und die Phantasie des Möglichen bei Elias Canetti, mit dem visionär-prophetischen Pathos und der Genauigkeit eines Günter Anders, mit der deskriptiv-antiideologischen Nüchternheit H. Arendts, der kristallinen Bitterkeit Ciorans, dem melancholisch-unerbittlichen Blick Kafkas, Paveses oder Camus'? Und welche Theologie hätte es je aufgenommen mit dem spielerischen Sinn für Verwandlungen und mit der Unruhe, der Kraft und der Angst, dem lustig-verzweifelten Trippelschritt Pinocchios, der stets auf der Flucht zu einem verheißenen Land ist, das sich ihm stets von neuem entzieht?

Die Theologie hat es nie geschafft, die Herausforderung durch diese Autoren anzunehmen, weil sie sich nicht in das Nichts einzuwohnen vermag, das sie voraussetzen und als ständige Begleiter im Rücken haben. Sie alle haben sich ausgesetzt, bar jeder religiösen oder institutionellen Sicherheit. Sie wissen, dass das Sein anderswo ist. Aber eben deswegen bringen sie dem Hier und Jetzt, dem Augenblick, dem Sakrament der Gegenwart neue Wertschätzung entgegen, sie suchen die Rückkehr zum Schein, zur Kontingenz ihres Lebens. Sie führen ein heiteres, abgeklärtes Leben, um zu Phänomenologen und Landvermessern der verletzt-begrenzten Existenz zu werden, und verleihen ihr so die Möglichkeit der Fülle und Würde wieder zurück.

Im Inneren des Nichts selbst drängt uns jeder Gegenstand eine unmittelbare Evidenz auf, die auch wenn sie nicht auf Grundlage ihres inneren Wesens erklärbar ist, uns doch die Lücke schließen hilft. Die Zustimmung zum Nichts der Existenz erlaubt uns, jede uns erscheinende Gegenwart zu genießen, und dank dieses Genusses wird das Nichts zunehmend in ein überschießendes Alles verwandelt. Was ursprünglich Eitelkeit oder Windhauch war, findet seine Legitimität von dem Moment an, wo wir es als das unsere erkennen. Was bedeutet es schon, wenn die Ursachen uns entfliehen. Wir bleiben inmitten der Dinge.

Diese säkularisierte, sanjuanistische (nada-todo) Umkehr steht am Ursprung des mutig-vergnüglichen Stiles der Moralisten. Die Theologie tut gut daran, sich nicht allzu fern von dieser Höhe eines scharfsinnigen Denkens, eines offen-freien Lebens zu halten. Die Moralisten sind geboren aus einer fortwährenden Erfahrung der Umkehr und bleiben ihr verpflichtet.

In der Tat konnten die Theologen diese Herausforderung nur in einigen eher randständigen Persönlichkeiten aufnehmen, die es niemals in den Rang der Schullektüre gebracht haben: Abgesehen von Pascal wäre hier an die Analyse des menschlichen Herzens bei Johannes vom Kreuze und vor allem an Franz von Sales und Fénelon zu denken, an die Geschichtsschreibung Paolo Sarpis, der vom Scheitern des Trienter Konzils enttäuscht und zugleich erleuchtet war, hin zur Sezierung der labyrinthischen Wandlungen des Willens bei Blondel, bis hin zum christlichen Pessimismus und dem Aufmerken auf kleinste Momente in der Erkenntnis menschlicher Existenz bei Karl Rahner. Es dürfte kein Zufall sein, dass alle diese Christen eine neue Form der Askese, des Opfers, der Selbstdistanzierung von den eigenen Gefühlen,

den Frömmigkeitsformen und Glaubenslehren vorschlagen.
Ihre Absicht dabei ist es, die Möglichkeit einer andersarti-
gen Gnade anzurufen, die uns von weither zukommt und
doch das notwendige Gegenmittel wäre, um unsere Existenz
in Würde zu leben, ausgespannt wie sie ist zwischen Himmel und Erde, Gott und Sünde, Wirklichkeit und Glauben,
Erkenntnis und Willen: Das Handwerk des Lebens ist diese
Schachpartie zwischen zwei Unmöglichkeits-Ufern.

Der Stil und die Gnade. Wir gelangen nun zum Gipfel und
fulminanten Wirbel unserer kleinen einführenden Phänomenologie. Eine Religion, ein Glaube, die etwas zu sagen hätten
und zum Leben brächten (statt ein gespalten-unglückliches
Bewusstsein zu verkünden, statt uns wegen eines Nichts leiden zu lassen, statt die Schwere und Bedrängnis des Lebens
noch zu vermehren) – eine solche Religion und ein derar-
tiger Glaube würden das Spannungsfeld, die Binnendiffe-
renzen, die Frische des Stils bewahren, würden ihn von der
Stilisierung und der Schlamperei bewahren, ihm Kraft und
Demut, Realismus und Elan verleihen. Es ist nicht zufällig
so, dass die Religion Quell und Raum der Kunst ist, Bür-
gin und Anregerin der Vermählung zwischen Fleisch und
Geist, Gebärde und Gedanke, Reflexion und Beschwörung,
Eigenanstrengung und Gnade, Qual und Erquickung, Tradition und Freiheit, Gemeinschaft und Einsamkeit, Heteronomie und Autonomie, Schwäche und Würde; sie ist Hüterin
des Staunens über das Sein, der Mitgeschöpflichkeit zwischen Mensch und Welt und zwischen den Menschen. In all
dem bewahrt uns die Einheit von Gnade und Stil vor einem
falschen Relativismus (alles ist gleich und gleichgültig) und
Dogmatismus (nur das ist wahr), vor der Leichtfertigkeit und
dem Moralismus. Begünstigt wird ein ausgeprägter Sinn für
die Maßunterschiede zwischen den Sphären des Erlebten,
für die Besonderheit alles Seienden und jeder Institution so-

wie auch für die Verbindungen zwischen all diesen Dingen. Religion und Stil (der nicht identisch mit dem schlichten guten Geschmack, geschweige denn mit einem bürgerlichen oder romantischen Ästhetizismus ist) sind Ausdruck einer Ontologie der Differenz, des Ereignisses. Sie erahnen die Enthüllung des Universums in jedem kleinsten Teilchen. Eine derartige Ästhetik der Gnade schließt das Ethos, die Tugend nicht aus, sondern holt sie vielmehr ein, befördert sie und verleiht dem Handeln Welthaltigkeit, Wahrheit und Einsicht. Daraus wird eine nicht auf dem Verbot gründende, eine nicht repressive, eine vielmehr ermutigende Ethik erwachsen, welche die Fähigkeiten und Potenziale der Einzelnen und des gesellschaftlichen Ganzen zur Geltung bringt.

Vielleicht erahnen wir, dass und wie die Gestalt Jesu uns bis zum heutigen Tag durch seinen Lebensstil überzeugt; man denke nur an seinen Einklang von Geste und Wort, An- und Abwesenheit, an seine Art des Tuns und des Leidens, seine Art, die Menschen zu berühren ohne sich mit ihnen gemein zu machen, von weither zu kommen ohne sich in Überheblichkeit zu ergehen, selbständig, herrscherlich zu sein und doch in all dem die Nähe und den Willen eines Anderen spüren zu lassen, dem es sich zu unterwerfen gilt: Seine Gestalt ist eine unendlich feine und doch elementare Mit-Gestalt und stellt sie auch dar, individuell und somit unnachahmlich, die dennoch die gesamte Menschheit denken und leben lässt; jeder kann darin eine Spur finden, die ihm Würde und Horizont verleiht, ihm Sanftmut und Kraft einflößt, ihn an seine Zerbrechlichkeit und Herrschernatur erinnert.

Wenn wir nun die Blickrichtung umkehren, dann können wir wohl behaupten, dass die Sensibilität für den unvergleichlich-einzigartigen Stil eines Menschen (auch Jesu) oder eines Kunstwerkes, der Sinn für die Proportionen und das Maß des Kontingenten, für Maß, Anstand und Elend der Sterblichen und für ihre Hoffnung die Religion vor Dogmatismus und vor Moralismus bewahren wird, vor ihrer verhängnisvollen Tendenz zur Selbstbeweihräucherung, vor Fanatismus und Banalität, vor kitschiger Frömmelei und Aberglauben. Diese Grundhaltung wird der Religion Form, Maß und Anstand, Charme, Überzeugungskraft verleihen. Und die Religion kann ein Gespür dafür entwickeln, dass sie selbst nicht nur Glauben, sondern eine der prägenden Poiesis-Formen des Menschen ist. Denn nicht einmal die Existenz Gottes ließe sich erfassen ohne die symbolisch-poetische Kraft des Menschen, ohne sein Bedürfnis nach Inkarnation, nach Orientierung zwischen Himmel und Erde. Religion ist eine der Hauptformen der Seelen-Pflege, der Betreuung und Begleitung des Menschen auf verschlungenen Pfaden, der Einhegung des Schicksals. In der Schule der Religion hat der Mensch das Lesen, das Feiern und die Besinnung auf sein Schicksal gelernt. Er hat gelernt die Rhythmen des Daseins zu ergreifen, das funkelnde Kleinod zu ertasten und zu heben, das er unter sehr viel Staub in seiner Brust versteckt, sich selbst und den Dingen einen Namen zu geben, sein eigenes Antlitz und die Maskenspiele des Lebens zu betrachten, das Leben und den Leib zu hegen, sich mit den Bildern zu unterhalten, die ihm vom Kosmos erzählen. In seinem großartigen Vorhaben *Poetische Dogmatik* berichtet uns Alex Stock von den Zeugnissen einer solchen Hochzeit von Poesie und Musik, Malerei und Liturgie, Glauben und Kultur, Feiern und Leben, huldvollem Schenken und Stil. Stil schließt Dogma oder Kanon nicht aus. Vielmehr bekräftigt er sie, jedoch indem er sie sich anverwandelt und zu einer lebendigen Geste werden lässt.

Vieles spricht dafür, dass wir die Geschichte der christlichen Religion als eine Abfolge der verschiedenen Stile neu deuten können, in denen sie dargestellt wurde. Mir scheint, eine derartige Sichtweise ermöglicht mehr Gelassenheit und Freimut in der Bewertung dieser Geschichte. Der Ausgangspunkt dabei wäre die schlichte Wahrheit, dass der einzige echt christliche Grundtatbestand das Leben und der Abschied Jesu sind. So sind wir frei, die verschiedenen Formen des Glaubens und der kirchlichen Praxis ohne ideologische Maßstäbe und Werturteile (wie etwa Hellenisierung, Re-Judaisierung, Inkulturation) zu begreifen und zu beurteilen. Denn Glaube existiert niemals in einer Reinform, die sich nachträglich in einen Kontext einfügte, sondern er ist in diesen Kontext stets und immer schon eingeschrieben und verwirklicht. Reinen, jungfräulichen Glauben, reine Religion gibt es nicht. Oft ist er nur eine zufallsgeleitete Beigabe, ein randständiges Kleinod, Würze oder Zutat in der Lebenssuppe. Wenn er sich auf eine Art anbietet, die seiner würdig und ihm gemäß ist, dann besteht der Glaube nicht auf sich selbst, dann in-sistiert Glaube in die Welt hinein als Impulsgeber, Horizont, innere Triebkraft, als prophetische Stimme inmitten der Kultur. Glaube wird für die Welt zur regulativen Idee, ein historisch-transzendentales Deutungsmuster, das unserer Einbildungskraft und Freiheit weitere Räume eröffnet und der uns auf andere, nicht-offenkundige, nichtbanale Weise verstehen, handeln, leiden lässt.

Aus all diesen Gründen folgt: Kultur und Glauben hängen voneinander ab, verwandeln sich und strahlen gemeinsam hinaus in die Welt vermöge einer beständigen Um- und Übersetzung ihrer Motive. Darin wird der Glauben treibendes, anstachelndes, bedeutungstragendes Motiv in und für das Leben. Dieses Gesetz gilt auch für die Moderne, die sehr viele Grundmuster und Einsichten biblischen Glaubens aufgreift: Beide sind deshalb (ich sage dies mit Troeltsch und Pannenberg gegen Balthasar und Blumenberg) legitim. Jede Epoche ist ein Kairos der Anwesenheit des Geistes und verlangt eine kritische Begegnung zwischen den beiden. Der Glaube in-sistiert in jeder Phase der Geschichte. Oft verschwindet und stirbt er darin, wird namenlos, ohne je seinen Salz-der-Erde-Charakter, seine prägende Kraft zu verlieren. Deshalb steht es uns nicht zu, über den mehr oder minder christlichen Charakter Innozenz' III. oder Augustins, Boffs oder eines römischen Kardinals, eines Lübecker Protestanten oder eines kalabresischen Bauern zu urteilen: Jeder von ihnen stellt eine verfälschte und zugleich echte Form des Glaubens dar, verkörpert und verrät sie, schützt und beschädigt sie – und wird durch sie gerettet. Ein Benediktiner steht Jesus nicht näher als ein Jesuit, ein Geistlicher nicht näher als ein armer Analphabet. Jeder sollte seine Form christlicher Existenz mit einem Mindestmaß an Zucht und Maß, an Bescheidenheit, an Hingabe leben – mit einem Wort: an Stil.

Übersetzung aus dem Italienischen:
Johannes Hampel

Bibliographische Anmerkung

Bei der Abfassung dieser Überlegungen ließ ich mich durch folgende Werke anregen: Alex Stock, *Poetische Dogmatik*, Paderborn 1995-1998 (bisher sind drei Bände der Christologie erschienen: *Namen; Schrift und Gesicht; Leib und Leben*; der vierte Band wird sich den Bildern des Christentums widmen). Ein ähnliches Unternehmen zur Begegnung zwischen moderner Literatur und christologischen Themen hat Karl-Josef Kuschel vorgelegt: *Jesus in der deutschsprachigen Gegenwartsliteratur*, München 1987; ders., *Vielleicht hält Gott sich einige Dichter*, Mainz 1991; ders., *Im Spiegel der Dichter*, Düsseldorf 1997; Jörg Villwock, *Die Sprache – Ein ‹Gespräch der Seele mit Gott›. Zur Geschichte der abendländischen Gebets- und Offenbarungsrhetorik*, Frankfurt 1996.

Zu den Moralisten und dem Hintergrund ihres Lebensgefühls vgl. Alberto Asor Rosa, *Genus italicum. Saggi sulla identità letteraria italiana nel corso del tempo*, Turin 1997 (ein beeindruckendes Buch und unerschöpfliche Quelle zur Spurensicherung des säkularen Stils in der Geschichte der italienischen Literatur von Boccaccio bis zu Dino Campana und Carlo Michelstaedter); R. Galasso, La rovina di Kasch, Adelphi, Mailand 1983 (ein fesselndes Buch zum Stil Talleyrands); Emile M. Cioran, *Dasein als Versuchung*, Stuttgart 1983; Hugo Friedrich, *Montaigne*, Tübingen-Basel ³1993 (Original 1949, vielleicht die edelste und ‹ritterlichste› Einführung in Montaignes Welt); Romano Guardini, *Pascal*, Brescia 1982; Giovanni Macchia (Hg.), *I moralisti classici: da Macchiavelli a La Bruyère*, Mailand 1988; ders., *Il teatro delle passioni*, Milano 1993; Benedetta Papasogli, *La lettera e lo spirito: temi e figure del Seicento francese*, Pisa 1986; dies., ‹Il fondo del cuore›: *figure dello spazio interiore nel seicento francese*, Pisa 1996; Jean Starobinski, *Montaigne. Il paradosso dell'apparenza*, Bologna 1984.

Ferner sollte ich die Namen zweier in Italien noch nicht aufgenommener Heidegger-Schüler erwähnen: Rainer Marten (bezeichnend seine Titel: *Lebenskunst; Denkkunst; Der menschliche Tod; Der menschliche Mensch*) und Heinrich Rombach (*Substanz-System-Struktur; Strukturontologie; Phänomenologie des gegenwärtigen Bewusstseins* usw.), Erfinder einer Strukturontologie, die von Cusanus, Eckhart, Pascal, Descartes und Leibniz angeregt ist, die alle im Lichte der Phänomenologie neu gelesen werden. Schließlich sei hingewiesen auf das systematische Werk von Hermann Schmitz, *System der Philosophie*, 10 Bände, Bonn 1964-1980 (zusammengefasst in ders., *Der unerschöpfliche Gegenstand*, Bonn 1990), eine Phänomenologie aller Sphären des Erlebens, das auf einer Analyse des räumlich-einbeziehenden Charakters der Gefühle und Affekte beruht.

Abschließend möchte ich auf eine polnische Schriftstellerin hinweisen, die Gedichte in der besten Tradition des Moralismus schreibt: Wislawa Szymborska, *Vista con granello di sabbia*, Mailand 1998 (man lese *La prima fotografia di Hitler, Scorcio di secolo, Funerale*).

Sacra morum elegantia

Über das Ideal des christlichen Gentleman

Das Ideal des christlichen Edelmanns oder ‹Gentleman›, das sich seit der Renaissance durch die Neuzeit hindurchzieht (und das seine Vorläufer in einigen hellenistisch gebildeten Kirchenvätern und den mittelalterlichen Rittern und Minnesängern haben dürfte), scheint heute eine verschollene Tradition darzustellen. Und dennoch: Wer könnte Gestalten vom Rang eines Clemens von Alexandria, Rufinus, wohl auch Eusebius, Laktanz und Cassiodor, eines Petrus Venerabilis und Anselm mit ihren Briefen, wer könnte die ‹Humanisten› unter den Zisterziensern (Aelred von Rievaulx), wer Thomas von Aquin und seine Methode der Quaestiones, wer Franz von Sales und Fénelon (und unter ihnen die adeligen Frauen der Pariser Salons, die B. Craveri schildert) und ihr Ethos und Pathos der verlassenen Liebe, die ganze Schar der hochgebildeten Abbés des 17./18. Jahrhunderts und der Romantik vergessen? Wer könnte Johann Michael Sailer und Newman oder die intellektuelle und kulturvermittelnde Leistung eines Giuseppe de Luca (des römischen Priesters) oder den heiter-gelassenen Stil von Romano Guardini vergessen (der vor dem Hintergrund des von Montaigne neugefassten Freundschaftsideals an den Freund Pascals, den Chevalier de Méré erinnert)? Was bleibt zu sagen von Persönlichkeiten wie Dag Hammarskjoeld, dem überzeugten Christen und ersten Generalsekretär der UNO, Dietrich Bonhoeffer mit seiner zwischen kapitulierender Nachgiebigkeit und Unbeugsamkeit austarierten Grundhaltung oder auch Cristina Campo und ihrem einfühlsam-strengen Stil?

Was sie verbindet, lässt sich vielleicht mit Begriffen wie Anstand, Höflichkeit, Bewusstsein innerer Stärke wiedergeben. Solche Begriffe bedeuten eine Haltung, die auf unvorgreifliche Art eine seelische Verfasstheit bezeichnet, welche das eigene Selbst zurücknimmt, gegenüber den Wechselfällen des Schicksals unerschütterlich und doch zupackend bleibt, sich gegenüber dem Fremden ritterlich und gastfreundlich erweist und in verstehender Sachlichkeit alles Wirkliche in der ihm innewohnenden Polarität, Mehrdeutigkeit, in seinem Ausgespanntsein zwischen endlich und unendlich, zwischen Sünde und Gnade, zwischen Halbschatten und Licht begreift, und diese Haltung vermag es, zwischen Welten, die üblicherweise nicht miteinander sprechen, heilsame Verhältnisse herzustellen.

In allem waltet ein Anflug von Eleganz, durchzogen von taktvollem Innehalten gegenüber dem Anderen (und gegenüber dem Anderen, das ich für mich selbst darstelle), von einer Freundlichkeit, welche den auratischen Schein (den ‹Hof›), der jeden Menschen umhüllt, achtet. Wir finden darin eine Liebe, die allen Unterschieden großzügig entgegentritt, die Räume des Atmens schafft, um das unausdrückbar-überraschende Geheimnis jedes Menschen zu entbergen ebenso wie den wahren Abstand, die wahren Wahlverwandtschaften zwischen den Personen und den Phänomenen. Sie sind Meister im Aufmerken auf den Kairos (was auch das Wesen des Gebets ausmacht), auf das epiphaniehafte Hervortreten des Anderen (somit auch des großen Anderen), das auch angesichts des unausmessbaren, oft unbegreiflichen Abgrunds der Menschen standhält, Meister einer Pädagogik, die das Wachsen des einzelnen Menschen in seiner Besonderheit fördert. Sie sind Verehrer der Freundschaft, der Liebe zur Literatur und zu Gott (Jean Leclercq), geleitet von der Überzeugung, dass das Wesen Gottes und des Christentums im

Mysterium eines Bandes besteht, eines inneren Einverständnisses, das von oben her durch den Heiligen Geist gestützt und beseelt wird. Und sie erblicken in Christus die Inkarnation einer derartigen Kraft des Aufmerkens, eines Betens, einer Fürsorge für den Anderen, einer Selbstvergessenheit und Hingabe. Er erscheint als Herr und Knecht, Hirte und Schaf und Pforte (die die Schafe ins Reich der Gnade und des Gesetzes eintreten lässt), Bräutigam und Weinstock, Leben und Logos; herrscherlich, erhobenen Hauptes und doch ganz dem Heil des Anderen hingegeben.

Einem solch vornehmen, zutiefst menschlichen Bild des Christentums wird man sich schwerlich entziehen können. Dennoch mangelt es nicht an Stimmen, die einen solchen Blick auf den Glauben schlichtweg bestreiten würden. Wer könnte die ganze Fülle an Zeugen vergessen, die eine sehr viel schärfere, unerbittlichere und prophetischere Praxis in der Nachfolge Christi darstellen: die großen Bekehrten von Paulus und Augustinus bis zu Luther, die oft rau oder ‹zottelig› wirkenden Propheten, Märtyrer und Mönche; und es war ja nicht zuletzt ein jüdisch-agnostischer Denker großer Statur wie Karl Löwith, der die Möglichkeit eines ‹christlichen Gentleman› entschieden bestritt. Offenkundig existieren zwei Grundlinien in der Bewahrheitung christlichen Lebens und Denkens: einerseits die schroffe, staurologisch-dialektische Linie, andererseits eine Linie, die das Humanistisch-Kultivierte, das nüchterne Pathos und Ethos der Fleischwerdung des Wort-Sohnes in der Bandbreite menschlichen Gebarens hervorhebt. Beide Formen haben ihre Berechtigung, ihren Glanz und ihre Doppeldeutigkeit. Möglicherweise mischen sich beide in jedem von uns, wie in Pascal und Fénelon, in Guardini und Balthasar, in Teresa von Avila oder Madame de Longueville. Und es bleibt bestehen das Mysterium eines jeden, jenes ‹unaussprechliche Etwas›, das uns durchzieht

35

und umhüllt, uns liebenswert und schroff-unzugänglich
macht, zu Menschen mit offener Flanke, stets auf der Suche
nach einem Antlitz, einem Wort, einem Licht, die uns endlich die Wahrheit all dessen begreifen ließen, was die Landschaft unseres Lebens ausmacht.

Aus dem Italienischen übersetzt
von Johannes Hampel

Weisheitlicher Ausblick

Von Zeitenbruch und Lebenswende

Niemand wird leugnen, dass wir in einer Zeit prekärer Übergänge und allgemeiner Ratlosigkeit leben. Wer wüsste schon zu sagen, wie sich das Verhältnis von Technik und Natur, Ausleben der Individualität und Einfügung ins Umgreifende (Staat, Ehe, Beruf), Universalismus (Europa- und Weltgedanke) und regionaler Verwurzelung gestalten, ja wie es auch nur schlicht weitergehen soll. Alle Orientierungen der klassischen Moderne haben ihre Weisungskraft verloren, der Kult der Ideologien wie der Kirchen, der prophetische Schwung heilsgeschichtlicher Fortschritts- und Zukunftserwartung, die Selbstsicherheit des (auf) sich setzenden Subjekts, jede Art von ganzheitlicher Lösung oder auch nur Denkbarkeit eines Ideals ist uns versagt. Es ist, als ob der Mensch in die Wüste zurückgeführt würde, wo es keinerlei verlässliche Darstellung und Repräsentanz des Inbildes von Gott und Mensch gibt. Solche Zeit prekären Übergangs soll hier versuchsweise als Möglichkeit weisheitlicher Kultur in Theorie und Leben gedeutet und beschrieben werden. Dabei handelt es sich auf den ersten Blick um eine fast klassisch zu nennende Konstellation. Schon im Raum des Alten Testamentes ist es nach dem Erlöschen der kultischen, königlichen und prophetischen Repräsentanz Gottes und damit aller heilsgeschichtlichen und messianischen Hoffnungen (einschließlich derer des scheiternden Gottesknechts) die weisheitliche Theologie, die den Blick weitet und die Gegenwart des verstummten und anonym gewordenen Gottes in Kosmos und Ethos wahrzunehmen und darin Hochgemutheit und Resignation als Formen der Frömmigkeit auszulegen weiß. Ähnliches geschieht nach dem Verblassen der Messiaserwartung wie der starken Themen paulinischer Theologie in den späteren Schriften des Neuen Testaments, den Gefangenschafts- und Pastoralschreiben oder dem Jakobusbrief. Und sind nicht, um den Übergang noch einmal von ganz anderer, unerwarteter Seite aus zu beleuchten, die Stellen, an denen Kant in betonter Weise von der Weisheit spricht, gerade jene, wo sich theoretische und praktische Vernunft als scheiternde und gegenseitiger Ergänzung wie weiteren Ausblicks bedürftige bekennen müssen?

Damit sind wir schon in die Perspektive und Dynamik der konkreten Durchführung unseres Epilogs eingetreten. Um nämlich einer solchen kollektiven Krisenzeit mehr Gesicht und Farbe zu geben, wollen wir, eingedenk der Parallelität von Phylo- und Ontogenese, jene entscheidende Krise und Lebenswende beschreiben, wie sie sich in der Biographie des Einzelnen um die Mitte der Existenz zu vollziehen pflegt und darin bisweilen gar Spiegel und Prisma der kollektiven Not ist, man denke nur an Augustins Bewusstsein von Krise, Gnade und institutioneller Verantwortung (ab 396) oder auch an Kants Wende vom Rationalismus der Aufklärung hin zur kritischen, die Grenzen der Vernunft bestimmenden Haltung seiner zweiten Lebenshälfte.

Heute geht es freilich um die alles verschwimmen lassende Nähe von allgemeiner und individueller Ratlosigkeit. Die sich immer mehr dehnende Länge des Lebensalters mag neben dem Pluralismus der Weltanschauungen in einer offenen Gesellschaft eine der Ursachen für die Schwierigkeit sein, eine Überzeugung über lange Zeit hin zu wahren und zu bewähren. Nicht dass sie bestritten würde, eher versinkt sie in der Gleichgültigkeit der Langeweile und des Vielerlei an Möglichkeiten. Umso nötiger scheint es, dem Geschehen solchen Wechsels in Gesinnung und Ausrichtung eines Lebens Kontur zu geben und zugleich die Möglichkeiten einer Wende zu einer Weisheit, die nicht einfach alles relativierte, auszuloten. Deshalb soll sich unser Augenmerk auf Struktur und Vorgang jener Krise um die Lebensmitte richten, die heute allgemein als ‹midlife crisis› und christlich als ‹zweite Bekehrung› bezeichnet wird. Was geht in ihr vor, was mag sie uns bedeuten?

Niemand könne vor seinem 40. Lebensjahr wirklich Skeptiker sein (G. Rensi) oder authentisch, ihn vergegenwärtigend, von Gott sprechen (Tauler), die Revolution der Denkungsart, also der letzten Maximen des Handelns endgültig vollziehen (Kant), Hölle, Fegefeuer und Himmel seiner Existenz durchfahren (Dante) oder die wahre Nähe und Differenz zwischen verschiedenen Epochen und Menschen, von Interpretation und Faktum, Fremd- und Selbstbild ermessen (Yourcenar) – so unterschiedlich, ja widersprüchlich die Optiken sind, in der Bezeichnung der kritischen Schwelle kommen diese Zeugnisse überein.[1] Auch wenn man dergleichen Meinung (mit Karl Barth) humorvoll relativieren und sich wird erinnern müssen, dass jedes Alter alle anderen in sich enthält

---

1 Giuseppe Rensi (1871-1941), von den Faschisten vertriebener Genoveser Philosoph, neuerdings wieder aufgelegt und etwa von dem sizilianischen Schriftsteller L. Sciascia besonders geschätzt; hier: *La filosofia dell'assurdo*, Milano 1991, S. 14ff; ders., *Lettere spirituali*, ebd. 1987; ders., *Spinoza*, Roma 1929, S. 32ff. Zu Tauler das wunderbare Buch von Ignaz Weilner, *Johannes Taulers Bekehrungsweg*, Regensburg 1961, S. 231-241, ferner S. 165ff., 245ff. Kant, *Anthropologie*, Akademieausgabe VII 294; dazu die lesenswerte Schrift von Manfred Sommer, *Identität im Übergang: Kant*, Frankfurt 1988, S. 52ff. Marguerite Yourcenar, *Opere. Romanzi e racconti*, Milano 1989, S. 546f. (Nachwort zu: *Memorie di Adriano*. Man vergleiche aber auch den Roman *Opera al nero*); äußerst aufregend auch, wie bei Giuseppe Ungaretti Lebenslauf und poetisches Werk (mit dem bezeichnenden Gesamttitel: *Vita di un uomo)* eine Gestalt bilden.

und seinerseits in ihnen vorscheint (das Kind im Manne – und hat nicht eben dieses Kind schon seine uralte Angst und seine eigene Weisheit?), so kann man doch nicht leugnen, dass der Mensch um das angegebene Alter herum eine tiefe Krise der Identität wie seiner sozialen und symbolischen Darstellung und Orientierung durchläuft.[2]

Da sind die langen Jahre des Verstummens von Kant (1770-1780) und Rilke (1915-1922), die Revision des Ansatzes seiner Dogmatik bei Barth (der im selben Jahr 1929 auf seine Geliebte/Sekretärin und auf Anselm als Schlüssel für das eigene Denken trifft, ohne beide wären die 13 Bände seines opus magnum nicht zu denken), Denkkrise und Erleuchtung Anselms zwischen ‹Monologion› und ‹Proslogion› (1077/8), die italienische Reise Goethes (und die Neugestaltung der ‹Iphigenie› wie des ‹Tasso›), die endgültige Selbstdefinition Augustins (als Bischof und Verteidiger der Gnade), Luthers (Worms 1521 und Heirat 1525), Hegels (Vollendung der Logik; Heirat; Professur) oder Schleiermachers (als Dogmatiker in Berlin). Und es verkehren sich Fronten und Sichten. Wir erleben die Konversion der hl. Theresa von Avila zur Mystikerin, Roberto Ardigò verlässt den Priesterstand und wird Positivist (1870), die Dichter Rebora und Papini wie der Philosoph Michele Federico Sciacca konvertieren zum Katholizismus, Mutter Teresa verlässt ihre Kongregation und geht nach Indien, Umberto Eco schreibt labyrinthische Romane, Thomas Mann entfernt sich mit dem ‹Zauberberg› von Nietzsche und Wagner und versöhnt sich mit Demokratie, tätigem Einsatz (Joseph der Ernährer) und der Endlichkeit der Zeit, Elsa Morante liest fieberhaft Simone Weil, verliert ihr Selbstgefühl als Frau, das Verhältnis zu ihrem Körper – und gewinnt vielleicht eine eigene Art der Kom-

2   Karl Barth, KD III, 4 700-710.

passion für/mit der Geschichte der Kleinen und Gescheiterten (La storia, Aracoeli). Und Jesus, muss er nicht in der Mitte seiner Sendung anlässlich der Konfrontation mit der Frau aus Tyrus sich und seine Sendung neu definieren, der unendlichen Reichweite seiner Mission innewerden und standhalten (Mt 15,21ff.)? Und endlich wird jede Hausfrau nach dem Weggang der Kinder oder ein Berufstätiger nach 20 Jahren der Arbeit sich neu (vor sich selbst) stellen und fragen müssen, woran sie mit sich und ihrem Leben sind.

Was mag da geschehen? Offenbar weichen jugendlich-emotionaler Schwung und Idealismus, die unendliche Weite verheißungsvoller Zukunft einer Ermattung, es wird zunehmend unmöglich, der Illusion fröhlicher Vertauschung von Projektion und Wirklichkeit, physischer Dynamik und Idol/Gott anheimzufallen, eine Art Selbst- und Sinnabwesenheit, ein Übergang, an dem sich Lebbarkeit und Würde des Weiteren entscheiden und der sich darin als ‹rupture instauratrice› (Michel de Certeau) erweisen mag. Man entdeckt das bislang Ungelebte, Verdrängte, Überspielte, eben das Andere neu – und anders, mit allem Risiko und häufigem Frontenwechsel. Man vertauscht nicht nur Beruf oder Partner, vielmehr ist jede Art von Verschiebung im Gefüge denkbar. Der Gestrenge beginnt sich zu vergnügen, der Lasche hat Sehnsucht nach Form, der Prophet entdeckt den kleinen Segen des Natürlichen, der Weise und in sich Ruhende muss sich der Gnade, der Mönch der Welt, der Weltläufige dem Mönchischen in sich selbst stellen – niemand bleibt verschont, und das genau ist das Gemeinsame dieses höchst individuellen Vorgangs, der, so er gelingt, zur Entdeckung solcher Urverbundenheit im Wandel, des allem Leben auferlegten Rhythmus' von Entsagung und Bestimmung (Goethe) und damit zu einer eigenen Form von Weisheit führen kann, die wir auf den folgenden Seiten näher bestimmen wollen.

Der Schlag der Erleuchtung. Sofern der Mensch auf das selbstgezimmerte Haus abstrakter Begriffe und allgerechter Endlösungen verzichtet, wird ihm möglicherweise eine Art Erleuchtung zuteil, ohne die wichtige Entdeckungen und Philosophien wie erst recht das ‹gute Leben› undenkbar wären. Es ist damit nicht eine psychologische Besonderheit gemeint, ein Erlebnis, sondern die sich (bisweilen plötzlich, wenn auch nicht ohne lange Bereitung) wandelnde Struktur einer Weltanschauung oder Haltung. Was bisher als Festpunkt oder definitive Grenze erschien, ist nun Ausgangspunkt und Absprungstelle der Erschließung und Entwicklung. Wo bislang alles feststellbar war, erscheint die Wirklichkeit als Metamorphose, in welcher das, was sich als Gegensatz ausschloss, als integraler Teil und Gegenspiel eines polaren Feldes wirkt. Und umgekehrt mag das Uniforme, Geschlossene nun in seiner ganzen Differenziertheit aufgehen. Es sind dies eine Wandlung und ein Weltbild, wie sie in den Anmerkungen von Marguerite Yourcenar zu ihren Romanen, in den Maximen Goethes, dem ‹id quo maius cogitari nequit› als Wegformel der Vernunft und Name Gottes bei Anselm oder in dem ontologischen Taktgefühl aufscheint, das dem trinitarisch-christologischen Dogma zugrundeliegt und in Chalcedon seine vorsichtig-dialektische Umschreibung gefunden hat.

Die zugelassene Polarität. Im Verzicht auf die Angst und den ihr entstammenden Zwang zur allzu engen Selbstbehauptung und -begrenzung vernimmt der Mensch die Stimmen des bislang Unterdrückten, vorab der sekundären bzw. komplementären Eigenschaften und Charakterzüge, die im sozialen Spiel nicht wahrgenommen wurden. Der Intellektuelle entdeckt das Intuitive als Wurzelgrund seines Verstehens, der Labile oder Friedfertige den aggressiven Teil seines Ich, alle müssen sich der andringenden Wirklichkeit des Körpers oder auf neue Weise der Gegenwart des anderen Geschlechtes stellen. Man denke nur an die Bedeutung des Johannes vom Kreuz für Theresa von Avila, der Charlotte von Kirschbaum oder Adrienne von Speyr für Barth und von Balthasar, der Münther für Kandinsky (1908).[3] Und hat nicht bei einem Maler wie Picasso jede neue Bekanntschaft geradezu einen anderen Stil hervorgerufen? Jedenfalls muss das Ich unter- und innerhalb seines scheinbar geschlossenen Raumes und Selbstkonzepts mit einem ganzen Parlament an verschiedenen Stimmen und immensen polaren Spannungen rechnen, die ihm, so es ihnen gastfreundlich begegnet, zu einer oft ungeahnten Fruchtbarkeit und Formkraft verhelfen. Und auch darin mag man einen fernen Widerhall des dreifaltigen Spannungsgefüges von Natur und Person, Vater- und Sohnschaft, Natur- und Geistliebe, wie des Doppelcharakters der zweiten Hypostase (*verbum* und *filius*) vernehmen.

Auferlegte und gewährte Freiheit. Einem allzu narzisstischen Egoismus oder Perfektionismus der Selbstbestätigung entsagend, erwächst dem Ich der Mut, sich selbst zu übernehmen, entsteht eine neue Form von Autonomie, die sich der Zustimmung zur eigenen Kontingenz verdankt, gleichsam als ob ich zu Beginn meiner Existenz diese bejaht und ratifiziert hätte. Die Freiheit wird nun als eine mir auferlegte, gestundete, zugemutete angenommen, als Feld, das es bis zum Abend zu beackern gilt – aber eben auch nicht länger. Und man könnte hier an das gesollte Maß der Freiheit Jesu erinnern, der darin die eigentümliche Gleichzeitigkeit von Abhängigkeit und Autonomie der trinitarischen Personen offenbart.

Der wahrgenommene Andere. Je tiefer einer sich selbst durchfährt und standhält, desto mehr wird er (in) sich der

---

3 Dazu die entwaffnende Bemerkung im Vorwort zu KD III, 3: Ich weiß, was es heißt, eine Hilfe zu haben.

Wahlverwandtschaft der Anderen bewusst, ihrer gezeichneten Existenz, der gemeinsamen und doch je einsam auszulebenden *condition humaine* gewärtig sein. Und er wird das unauslotbare Geschick, die Eigentümlichkeit einer jeden Biographie betrachten, eines Saul, David, Jeremias, einer Ruth oder Maria, eines Jesus, Paulus oder Plato, eines Goethe, Napoleon (von der ihrer Frauen und Opfer gar nicht zu reden) oder der Physiognomie der eigenen Eltern gedenken, schaudernd, dankbar, mit nachsichtigem Respekt und Sinn für Proportion, das jedem auferlegte und eingeprägte Maß – und sich darin des Blickes Jesu erinnern, worin einem jeden Heilung und Gericht widerfuhr.

Die wiedergefundene Zeit. Indem man darauf verzichtet, sich um jeden Preis von der Vergangenheit zu emanzipieren, die Gegenwart auszukosten und die Zukunft restlos zu verplanen oder eine von diesen Zeitdimensionen auf Kosten der Anderen zu idealisieren, wird man befähigt, die eigene Geschichte zu erzählen, erwächst die eigene Biographie: du kannst endlich das sein, was du geworden bist – und werden, was du vielleicht einmal warst. Die Vergangenheit wird Raum und Möglichkeit für staunenden Dank und Reue, die Gegenwart erwirkt sich in empfänglicher Gastfreundschaft, die Zukunft in hoffend-vorsichtiger Anheimgabe – eucharistische Wandlung der Gezeiten des Lebens; puer senex, erfrischend mutige Voraussicht und erhellend gelassene Rückschau ergeben einander, wobei in einer Zeit gefährdet offener Ver- und Übergänglichkeit auch die leise wehmütige Ironie nicht ganz fehlen wird, die um die Verwerfungen zwischen den Zeiten weiß und sie demütig übersieht (Fontane, Raabe).[4]

---

4   Karl Barth, KD III, 4 703-705; am eindrücklichsten hat der amerikanische Theologe J.S. Dunne die Lebensgeschichte des Einzelnen als entscheidenden locus theologicus entdeckt und fruchtbar gemacht: *Lebenszeit und*

Proexistenz und Repräsentanz. Im Verzicht auf die Privatheit des kleinen Glücks, die Erfüllung der bloß subjektiven Freiheit und ihres Ruhebedürfnisses erwächst aus dem bisherigen Gang die Befähigung zur Proexistenz, der Mensch existiert für etwas Größeres und von ihm her entwirft er sich zum Zeugen, Mittler, Repräsentanten eines objektiven Zusammenhangs, einer Welt, einer Hoffnung, letztlich (s)eines Gottes. Denn jeder Mensch bringt eine Aura, eine (verfehlte oder wahrgenommene) Bestimmung mit, einen Beruf, ist Träger einer Botschaft. Es wächst ihm, so er dies erkennt, der Mut zu, sich zu definieren, behaftbar, verantwortlich zu werden, sich verdanken zu können und verbrauchen zu lassen. Auf diese Weise mag auch in der offenen Gesellschaft von ‹Emanzipierten› die Grunddynamik dessen, was einst Kult, Opfer, Prophetie und Zeugenschaft bedeuteten, auf anonyme Weise wirksam sein und gelebt werden.[5]

Mythos. Nachdenken über Leben und Tod, München 1989 (mit wichtigem Nachwort des Übersetzers Josef Meyer zu Schlochtern); ders., *In search for God in Time and Memory,* New York 1967; ders., *The house of Wisdom,* ebd. 1985; dazu Meyer zu Schlochtern, *Erzählung als Paradigma einer alternativen theologischen Denkform,* in: *Theologische Berichte VIII,* Einsiedeln 1979, S. 35-70, bes. 51ff.; zur Schlussbemerkung die Beschreibung zu Raabe und Fontane bei Walter Schulz, *Metaphysik des Schwebens,* Pfullingen 1985, S. 436ff., wo er vom „Pessimismus, auf Heiterkeit abgerichtet" und von einer Ironie spricht, die daraus entsteht, dass man, und zwar gut, in Verhältnissen lebt, die sich schon gänzlich überlebt haben (ebd., S. 338).

5 Zur doppelten Proexistenz: Barth, KD IV, 2 634f.; zum Beruf, ebd. III, 4 687ff. Zur Dialektik der objektiven Freiheit bzw. der Bestimmung des Menschen vgl. die an die klassische Mystik gemahnende Dialektik in Fichtes Schrift ‹Die Bestimmung des Menschen› (W. Schulz, *Philosophie in der veränderten Welt,* Pfullingen 1980, S. 332ff.); vgl. ferner Hegel, *Enzyklopädie,* § 430ff mit § 564; Karl Rahner, *Grundkurs des Glaubens,* S. 101-113, 392-395.

Der verkörperte Stil. Dabei geht es keineswegs um Entfremdung und depressiv getönte Selbstlosigkeit. Vielmehr wächst dem Einzelnen im Verzicht auf Eitelkeit und Stilisierung ein nur ihn kennzeichnender und eben darin kommunikativer Stil zu. Stil ist die Hochzeit von Natur und Geist, Notwendigkeit und Freiheit, Form und Spontaneität, Handwerk und erfinderischem Schwung, individuellem und gemeinsamem Kairos. Leben erscheint von ihm her und auf ihn hin als ernstes, streng reguliertes und doch luftig freies Spiel.

Ethos ohne Motiv. In der Versagung der Ideale und einer insgeheim sich selbst genießenden Reflexion auf die eigenen Motive und Leistungen wird das Subjekt frei, aufmerksam zu sein für den Augenblick und das sich in ihm gewährende Andere, also so zu handeln, dass das eigene Tun dem Anderen frommt und gar als allgemeines Gesetz in der Perspektive vieler bestehen kann. Solche Gleichzeitigkeit von Fremd- und Selbstgegenwart prägt das Pathos des amour pur bei Fénelon, des kategorischen Imperativs bei Kant, der quasi-sakramentalen Aufmerksamkeit bei Weil und Levinas. Freilich wäre ihnen eine Prise Humor und – tiefer besehen – die verwandelnde Berührung durch die Gnade zu wünschen, die im Alten Testament das Gebot als Zeichen und Ausfluss größerer Gegenwart erscheinen lässt, weshalb der Mensch es gar nicht mehr nötig hat, schlecht zu handeln, dem Anderen das Seine zu rauben – da er sich als einer erfährt, der befähigt ist zu lieben. Indikativ und Imperativ verschmelzen zur einen Wirklichkeit des gefreiten Ich.[6]

Eingelassenheit und Transparenz. Im Verzicht auf den ‹tierischen› Ernst entdeckt der Mensch den Charme der Sus-

---

6 Zu Fénelon und Kant und zum strengen Charme des ersteren: Robert Spaemann, *Reflexion und Spontaneität,* Stuttgart ²1990, S. 237ff.

pension, die Leichtigkeit und Vielschichtigkeit der Dinge, ihre Einheit und Differenz, ihre unfassliche Unerschöpflichkeit und Entlegenheit, ihre treue Nähe und Verfügbarkeit – und in all dem das Leben als verlorene und doch immer wieder gewährte Fundsache, ja als wundersame Er-findung. Ein jedes ist Vorübergang, Möglichkeit der Bedeutung, zerbrechlich, flüchtig und schön, des Staunens wie des Mitleids würdig und bedürftig, gezeichnete Existenz, absolut und doch relativ, als ob es ein Wort wäre, das ein Gott an es gerichtet hätte – und das es nun sein und verkörpern müsste. So wird es Spur, Wink, Vorschein einer Vorgabe und Verheißung, endlich Symbol und Ansprache, vielbedeutend und wirksam. Dem aufmerksamen Auge und Sinn erschließt sich Welt gerade in ihrer Schwäche und Fragilität als Vorübergang von Wort, Geist und möglicher Zugewandtheit, die der Mensch nur in demütiger confessio laudis, peccati et veritatis ausschreitet, in dem Einbekenntnis der Gutheit von Existenz, der Verfehltheit des eigenen Seins und der Proportionen symbolisch verstandenen und gelebten Seins.

Schwäche als Stärke: Ledig aller Eigenschaft. Ein solcher Mensch lebt das Zugleich des ‹du kannst, du darfst, du sollst›, von Gnade, Gebot und Erbringung. Er ist alleinig und mag sich leiden, ohne ein Anhänger seiner selbst zu sein, er wird den Anderen wahr- und annehmen, ohne sich an ihn zu verlieren; er ist der Schönheit zugetan – ohne Ästhet, der Wahrheit – ohne Fanatiker, dem Guten – ohne Moralist, der Welt des Glaubens – ohne Frömmler oder Insider zu sein, weil er weiß, dass das Größere, das die Menschen Gott nennen, der Schwachpunkt jeder Religion, jeden Systems, jeder Logik ist, das, woran sie (sich) ständig vergehen und womöglich gewinnen.[7]

---

7 Formulierung von Andrea Emo, *Le voci delle muse,* Venezia 1992, S. 15.

Ein Gott, der kein Götze wäre. Ein solcher Gott ist kein Götze, kein Überbau, kein Schlusspunkt, keine Lösung aller Fragen, nicht Sinn von allem, noch stützende Macht. Man kann ihn nicht missbrauchen zur Legitimierung menschlicher Verhältnisse, er erschließt sich allenfalls den Menschen, die eine Schwäche haben für die Welt, den Anderen – und darin für den Gott, der seinerseits schwach geworden ist für jene. Ein solcher Gott durchbricht die Masse unserer kleinen alten Welt, lässt sich in keinem Konzept von Einheit oder Prädikation einfangen, ist als uralter Urbeginn jeweils neu Gegenwart, Horizont, Hut, Trost, Raum, Anspruch, Unbedingtheit, Leichterung des Daseins. Man muss und kann nicht ständig über ihn reden und ihn benennen, wie es Pfarrer und Theologie vermeinen. Er zeigt sich in unserem weisheitlichen Gang eher indirekt – als entfernter und doch naher Garant, als je neue Gewähr der wundersamen Identität des Ich (inmitten der Umbrüche aller Horizonte, Wertungen, Ichkonzepte) und der Kohärenz von Welt (trotz und in ihrer Vielheit und Zerstreutheit), der Treue der Dinge und Menschen, endlich als Stachel, Ansporn und Hüter meiner mir auferlegten Freiheit (auch wo sie sich verlaufen hat), als Versöhnbarkeit von Mächtigkeit und Liebe, Anklage (denn der Mensch ist dadurch schuldig, wirft darin Schatten, dass er ist) und Verzeihung, Macht und Vernunft. Wir können über ihn wenig sagen, ist er doch offenkundig in sich selbst und für uns vielperspektivisch, legt sich in mehrere Optiken, Personen und inkommensurable Wirklichkeiten aus – und erweist sich je neu als jener Raum, in dem wir das Dasein lächelnd annehmen können und die Dinge und Welten in der reichen Vielheit ihrer Bedeutungen erscheinen, in dem alles zu möglicher Spur, zur Lesart (des Logos), zu Vorgabe und Versprechen werden und sich wandeln mag. Und endlich wird der Gott jene Wirklichkeit sein, in der sich die einmalige Biographie des Einzelnen und das gemeinsame Geschick, individueller und kollektiver Kairos berühren, verstehen, heben, wo die einem jeden aufgegebene Kehre zur Weisheit die Erschlossenheit zum Ganzen bedeutet, die Fähigkeit, einzuwilligen in das, was jeder Zeit an Wandlung und Aufbruch zugemutet und zugetraut ist.[8]

Damit können wir in den Anfang unserer Betrachtung einkehren, die Entwicklung der individuellen Geschichte mündet in jene der Zeitgenossenschaft. Wenn wir die heute anstehende Wende, den Zeitenbruch im Lichte des bisher Geschilderten interpretieren, dann hieße das nicht nur im Blick auf Politik, Wirtschaft, Planung, sondern vorab für das Christentum, dass es sich einer solchen Kehre, einem solchen Durchgang durch die Ratlosigkeit demütig und hochgemut zu unterwerfen hätte, schon um der ihm eigenen Logik des ‹schwach gewordenen› Gottes zu entsprechen. Da wird es sich heute kaum noch als Alleinhüterin von Wahrheit, Moral, Macht darstellen und auferlegen wollen, sondern, der eigentümlich anonymen Ankunft seines Gottes eingedenk, sich als Vorgabe, Verheißung, Motiv (der Erzählung, des Willens – und als auch von außen zu sichtendes Phänomen, als befreiendes, immer neu zu denken gebendes ‹Vorkommnis› und Symbol der Wahrheit), als einladende Möglichkeit, als schier unerschöpfliches Reservoir von Bildern, Hoffnungen, Erfahrungen, Theorien, als Lebensphilosophie und -weisung, als Mystagogie und Einweisung in

---

8 Anregungen zu diesen Bemerkungen von Richard Schaeffler, *Religionsphilosophie*, Freiburg 1983; ders., *Fähigkeit zur Erfahrung* (= Quaestiones Disputatae 94), Freiburg 1982. Im Grunde habe ich hier die Dialektik der Erlösungslehre Anselms, die ja zwischen dem geschuldeten honor (in welchem zugleich die Freiheit des Menschen Bestand hat) und dem freien Selbstopfer Gottes spielt, aufgenommen und auf ihre kenotische Grundlogik hin sichtbar gemacht, wie sie sich ergreifend in *Cur Deus homo* II, 20 manifestiert.

die Kunst des Lebens darlegen und vorstellen. Wie anders wäre dann der Ton der Verkündigung, schüchterner, mehr beschreibend, vorschlagend, einladend als Vorschriften, Gebote, Dogmen erlassend, die doch allemal eher der Angst als der Freude am Sein in Gott entspringen. Und ist nicht der Logos in der Trinität wie in seiner irdischen Erscheinung reiner Durch- und Vorübergang, Entäußerung, Bote, Verweis eines Anderen?

Und in alldem erschiene Christentum als Hut der prekären Übergänge. Dreifaltiges Leben, Schöpfung, die *traditio* (Übergabe) zwischen den Zeiten (Altem und Neuem Testament; Zeit Jesu und der Kirche), Tod und Erstehung, die eucharistische Wandlung oder die Gnade im Seelengrund des Menschen, sie lassen sich allesamt nicht festschreiben, definieren, niemand ist ihr direkter Zeuge, allenfalls können wir noch Reflexe, einen fernen Widerschein fassen, nachsichtig die Folgen ihres Vorübergleitens erlesen. Wie es eben auch bei den Umbrüchen und Übergängen im Leben geht, in der Krise der Lebensmitte, im Keimen und Vergehen einer Zuneigung, bei Gewinn oder Verlust einer Überzeugung: erst in der staunenden und behutsamen Nachschau vermögen wir einen Zipfel ihrer Wahrheit und Möglichkeit zu fassen – und darüber getrost, betrübt, gemut und nachdenklich werden und ein wenig Weisheit schöpfen, ein sanftes Wissen um Rhythmen und Vorgänge von Leben. Eben deshalb ist es nicht verwunderlich, dass die zentralen Mysterien des Christentums allesamt solche schwebenden, nie ganz begreiflichen, nur verschiedenen Angängen und Optiken langsam sich erschließende Wandlungs- und Übergänge sind. Man wird sich ihnen ergeben, immer wieder neu nahen, eigene Meinungen und Standpunkte aufgeben, je neu zuhören und zusehen müssen, damit sie für uns wahr werden. Und nur im Opfer, im Sich-begeben der eigenen Sicherheit, darin dem Geheimnis des Pascha Gottes nachfolgend (hilasterion), wird auch die hilaritas, jene höhere Heiterkeit, Weite und Weisheit des Herzens geschenkt, die nur dem Wissen um das Größere des Geheimnisses entspringen kann: *hilarem datorem diligit Deus*.[9] Der Hut und vorsichtigen Deutung einer solchen doppelten Übergabe wäre die christliche *traditio* verpflichtet, wollte sie ihrem Namen gerecht werden.

Ein solches Christentum wird nurmehr wenig ‹wollen›, nicht viel an Rezepten unterbreiten, sich nicht krampfhaft aufnötigen, so wenig wie unser kleiner Essay. Wir haben nur einen möglichen Weg beschrieben, sind der Dünung der Lebenswelle gefolgt, wie sie sich an den Gestaden unserer denkwürdigen Unmöglichkeit brechen und endlich im Gestus eines hilflosen Lächelns, eines staunenden Vertrauens münden mag, die inmitten unseres scheinhaften Erwachsenseins den kleinen Charme des Daseins und die lockenden Abgründe des Woher und Wohin zu entdecken und zu wahren wüssten.

---

9 Zu Wortspiel und Dialektik von *hilaros – hilasterion* (Röm 3,24) vgl. Massimo Cacciari, *Dell'inizio,* Milano 1989, S. 660-674.

Teil 2
Lebenslauf

Geistlicher Fortschritt?

Phänomenologisch-sapientiale Erwägungen

Die vorstehenden Beiträge schildern idealtypische Verläufe geistlicher Reifung und eines Fortschritts in Tugend und Gebet, ohne sich der systematischen Frage zu stellen, ob es dergleichen überhaupt gebe und wie sich Wort und Sache des ‹progressus› verstehen. Um diesen theologisch wie psychologisch fragwürdigen Sachverhalt soll es in den folgenden weniger systematisch als weisheitlich-phänomenologisch angelegten Betrachtungen gehen.

I. Aporie und Fragestellung

Aporie des Wortfeldes

Das Wort ‹progressus›/Fortschritt steht seit etwa 200 Jahren unter einem besonderen Vorzeichen und innerem Druck. Es meint nicht nur ein Voranschreiten in der Wanderung, nicht Vorgang und Wandlung bzw. innere Steigerung einer Qualität, wie es sich mit dem vormodernen Welt- und Geschichtsbild wohl vertrug, sondern zielt viel pointierter auf den Bruch von Tradition und Neuheit, von einer Erfahrung, die sich aus dem Erworbenen und Überkommenen speist, und einer Erwartung, die sich auf die utopische und darin maßgebende Zukunft vollendeter Befriedigung (welcher Art auch immer) richtet. Fortschritt bedeutet nunmehr nicht Zuwachs desselben ins gesteigert Selbe, nicht Zuspruch und Eintreten des von Gott Versprochenen, sondern aktive, sich ständig überbietende, ja revolutionäre Veränderung der Verhältnisse, welche als solche schon einen Wert darstellt. Damit geraten die Lebenszeit und jegliches Phänomen unter den Steigerungs- und Wachstumsdruck eines in Produktion und Konsum einzulösenden Glücksanspruchs, und dies mit der Tendenz zu erhöhter Beschleunigung, die als solche schon als lösend, freilich auch als fordernder Anspruch erfahren wird. Endliche Zeit unterliegt damit dem Druck, eine unendliche Erfüllung an Erlebnisdichte und Lebensqualität erbringen zu müssen, und in nichts anderem besteht jenes merkwürdige Phänomen, das wir Stress zu nennen gewohnt sind. Nichts kann so bleiben, wie es war, alles strebt einer Abwechselung und Neuheit entgegen, die freilich bei aller Verheißung auch unheimlich bleibt, weshalb Fortschrittserwartung und Apokalypseangst sich mit- und gegeneinander steigern und verwerfen, so schon in der marxistischen Vision der freien Gesellschaft schöpferischer Arbeit wie des gleichzeitig erwarteten Endes jeder bürgerlichen Ordnung.[1]

Deshalb ist das Stichwort ‹Fortschritt›, auf antike Texte angewandt, mehr als missverständlich und vermag das von der Tradition mit ‹profectus› Gemeinte nicht zu fassen. Es erstehen vielmehr ein Ideal und eine Pression, die den Alten fremd waren und für heutige Seelsorge fatal sein müssen. Als ob es in der Geschichte des Einzelnen oder der Kirche

---

1   Zur Dialektik und Semantik der Zeiten und Perioden: Reinhart Koselleck, *Vergangene Zukunft*, Frankfurt 1979, S. 349ff.; Hans Blumenberg, *Legitimität der Neuzeit*, Frankfurt ²1988, S. 97ff. Die Ambivalenz des Fortschritts legt auch die Komplementarität der beiden Grundmodelle der Zeitbeschreibung, der Linie und der zyklischen Kreisbewegung, nahe. Die einlinige Bevorzugung des ersteren Bildes in der neueren christlichen Theologie ist durch nichts zu rechtfertigen. Vgl. Blumenberg, *Arbeit am Mythos*, Frankfurt ⁵1990, S. 97f. u.ö.

um ein solches Mehr, eine solche Steigerungserwartung gehen könnte ...

Deshalb ist schon im ersten Angang das Wort- und Phänomenfeld zu erweitern, um den klassischen Texten gerecht zu werden. Man wird da tunlichst von *Ent-wicklung* sprechen (wie sich ein Keim oder Faden langsam entfaltet und entwirrt, seine innere Teleologie einholt und in ihr fortschreitet); von organischem *Wachstum* oder *Reifung,* also der Einheit von Vorgang und Wandlung einer gefügten Gestalt (Goethe), der Ausformung einer Physiognomie, eines gezeichneten Antlitzes; von einem *Weg,* der Gehen, Entscheidung, Zielrichtung verlangt, aber ebenso Verirrungen, Rückschritte, Kehren einschließt; von *Prozess,* vom Ausleben und Fortschreiten einer Dynamik, welche aber auch auf sich reflektiert und über sich richtet; endlich von *Geschichte,* wobei der geologisch-kompositorische Sinn der Schichtung verschiedener Phasen nicht verloren gehen dürfte. Der Lebensgang scheint mir eine solche Einheit von Wachstum, Reifung, Weg, Schichtung, Gehen, Innehalten, Urteil und Entscheidung zu sein, von Vor- und Rücklauf. In alldem erbildet sich die ‹parabola di vita›, jene Einheit von Verwurzelung und Öffnung, Auslegung und Selbstüberschreitung, in welcher der Mensch zum Gleichnis werden mag für seine in ihm angelegten Möglichkeiten und jenes Größere, das ihm bestimmt und verheißen ward und das sich in ihm realisieren, ausschreiten, gebären soll.

Aporie der Sache

In alldem erweist sich die Sache des Fortschrittes selbst als fragwürdig und zweideutig. Einerseits sprechen wir unbefangen von Reifung und Fortschritt in der Geschichte von Kultur, Technik und Geist, den positiven Entwicklungen einer Lebenslinie; das Lehramt weiß gar um die Mehrung (augmentum, incrementum) von Tugend, Verdienst und Gnade (DSp 1535, 1574, 1582); es ist die Rede von der Reife des Alters. Anderseits gibt es genügend Beispiele verirrter Lebensgeschichten, von Abfall, Vergessen, Regression, Stillstand. Und so verschiedene Autoren wie Schopenhauer, Barth oder Goethe wissen um die Relativität und perspektivische Bedingtheit solcher Wertungen. Hören wir etwa Goethe:

Man meint immer, man müsse alt werden, um gescheit zu sein; im Grunde aber hat man bei zunehmenden Jahren zu tun, sich so klug zu erhalten, als man gewesen ist. Der Mensch wird in seinen verschiedenen Lebensstufen wohl ein anderer, aber er kann nicht sagen, dass er ein besserer werde... Man sieht freilich die Welt anders in der Ebene, anders auf den Höhen des Vorgebirgs, und anders auf den Gletschern des Urgebirgs, wobei er sodann meint, es komme immer darauf an, auf jeder Stufe rein zu sehen und zu empfinden, so werde man sich auf erstaunliche Weise wandeln und zugleich treu bleiben.[2]

Leben also verfugt, be-deutet, verwindet sich immer neu, in Selbstnähe und -abstand, in Verwirklichung und innehaltender Nachdenklichkeit, und auf jeder Stufe mag es die ihr entsprechende Reife und Vollkommenheit, einen Scheitelpunkt geben, der sich dann womöglich wieder verliert und/oder auf der nächsten Wegetappe in mühsamer Weise wieder eingeholt werden muss.

---

[2] Johann Peter Eckermann, *Gespräche mit Goethe*, Frankfurt 1980, 422f; Arthur Schopenhauer, *Aphorismen zur Lebensweisheit, Parerga und Paralipomena*, Kap.VI, Zürich 1977, 519ff, Karl Barth, KD III,4 697-710; endlich die wunderliche Autobiographie von Gesualdo Bufalino, *Calende greche*, Milano 1992.

Eine solche Ambivalenz und Vorsicht bezeugen nun, recht besehen, auch die üblichen Schemata, die seit Origenes im Gefolge platonischer und stoischer Traditionen den geistlichen Fortschritt zu benennen und zu ordnen suchen. Diese bleiben auffallend formal und zielen kaum auf einen linear gedachten Fortschritt im modernen Sinn. Man spricht von der Dreiheit ‹Anfänger-Fortschreitender-Vollendeter›, von Läuterung, Erleuchtung und Einung, vom fleischlichen, psychischen und pneumatischen Menschen, von homo animalis, rationalis und spiritualis (je nach den das Leben bestimmenden Dimensionen), von (einfachen) Pistikern und den Einsicht in die Gründe aufweisenden Gnostikern, von aszetischem und mystischem Stadium, gar von einer Leiter, die den Menschen aufwärts zum Licht bzw. abwärts zur Demut führen soll und die er zugleich zu erklimmen hat. Dabei bleibt solche Entwicklung nie in eine weltlose Innerlichkeit eingeschlossen, sondern meint das Wechselspiel von Auge und Licht, Subjekt und passender Objektsphäre bzw. Bibellektüre, weshalb man etwa die eben erwähnten Stufen auch mit dem Anspruchsgrad der Weisheitsbücher kombinieren und umschreiben kann: Proverbia, Ecclesiastes, Canticum.

Nun sind sämtliche Autoren skeptisch, ob und inwieweit man bei diesen Stufen wirklich von einer zeitlichen Abfolge und einer mehr als formalen Gliederung und pädagogischen Handleitung sprechen könne. Weiß nicht etwa Wilhelm von Saint-Thierry, dass die Novizen den hohen Idealen kontemplativen Aufschwungs huldigen, während die Alten bei allem Wissen um die Nähe Gottes eher ins Banale alltäglichen Dienstes einwilligen? Und muss man nicht den Weg von der scientia zur sapientia, vom Nachdenken zur verkostenden Liebe, vom einfachen Dienst zur Schau immer wieder durchlaufen, einüben, sich vor Augen halten; man denke nur an die wieder-holenden Einschaltungen der früheren und scheinbar überholten Etappen bis in die letzten Kapitel seines Goldenen Briefes. Und endlich geht es in der antiken Philosophie bis hin zu den Exerzitien des Ignatius weniger um Fortschritt, als um die ständig erneuerte, dia- wie monologische, leibliche wie geistige Einübung, vorab die Einstimmung auf die natürlichen wie gnadenhaften Gesetze des Kosmos wie der eigenen Konstitution.

Endlich muss auf jeder Stufe das Wechselspiel von Licht und Schatten, Ferne und Nähe, Gelingen und Scheitern erfahren werden. Und der Übende scheint dabei, wenn auch vielleicht auf anderer Höhe, jeweils an den gleichen Wegmarken vorbeizukommen, weshalb man weniger von linearem Fortschritt denn von einem spiralförmigen Weg oder der Sinuskurve solchen Ganges sprechen sollte.[3]

Tiefer noch: die Nacht des Geistes, die ganz den Vollkommenen vorbehalten ist, bedeutet bei Johannes vom Kreuz eine Versuchung, die furchtbarer ist als jene der Sinne. Es geht hier nicht nur um die Verdunklung der Vermögen des Menschen, vielmehr erfährt der Mystiker seine Verdammung, ist jedes natürlichen und gnadenhaften Haltes beraubt. Mit der

---

3   Zu den klassischen Schemata und deren Relativität: Louis Bouyer, *Einführung in die christliche Spiritualität*, Mainz 1965, S. 224ff., 258ff.; Charles André, Bernard, *Teologia spirituale*, Roma 1983, S. 433ff.; zu Wilhelm von St. Thierry und der Problematik des geistlichen Fortschritts seit Origenes insgesamt: H. Blommestijn, DSp 12,2, bes. Sp. 2389f. und die Zusammenfassung Sp. 2404; der klassische locus für die systematische Fragestellung: Karl Rahner, *Über das Problem des Stufenweges zur christlichen Vollendung*, in: *Schriften zur Theologie* III, S. 11-34; zur faszinierenden und für das Christentum vielleicht doch zweideutigen Wahlverwandtschaft von christlichem Weg und dem Exerzitium antiker Philosophie und seinen Schemata vgl. das wunderbare Buch von Pierre Hadot, *Esercizi spirituali e filosofia antica*, Torino 1988, dt. in anderer Version: *Philosophie als Lebensform*, Berlin ²1991.

Erfahrung einer wachsenden Intensität der Gottnähe, der Steigerung der Liebe geht also jene der Minderung, Ferne, Verwerfung einher, weiß sich der Fortgeschrittene gar nicht als solcher, sondern muss den Brüchen im eigenen Ich, der Ferne zu Mitmenschen, eigener Geschichte, Gott und Welt standhalten, der Diastase von Leib und Geist, Wollen und Vermögen, Sünde und Gnade, Reich Gottes und Kirche, der Wahrheit des Ewigen und allen Weisen seiner Darstellung. So wächst mit der Gnade der Nähe die Erfahrung der Schuldigkeit und Fremde, ja der Verworfenheit. Und war dies nicht das Geschick eines Jeremias, Jesus, Judas? Mussten sie nicht als Erwählte dem Schattenriss des Nichtigen, Gottfernen ins Auge sehen, ja die Last solcher Nichtigkeit auf sich nehmen, sich dem stellen, was Gott nicht will? Und ist nicht dasselbe von David und Saul zu sagen?[4]

Es scheint demnach, dass jeder Aufstieg zugleich Abstieg in die Abgründe und Untiefen der Verzweiflung, der Unmöglichkeit der Gott-Welt-Beziehung bedeutet, nur gelegentlich vom Trost der Erfüllung unterbrochen. Etwas Ähnliches mag auch von der Entwicklung unseres Charakters gelten. Da ist jede Reife durch Verzicht und Einsicht in die bleibende Unfertigkeit, ein gelassenes Annehmen des Ausständigen und Vorläufigen ermöglicht und erkauft. Da müsste also differenzierter, perspektivisch gebrochen von Fortschritt im Menschlichen gesprochen werden. Es wäre genauer zu sagen, auf welcher Ebene, in welcher Hinsicht ein solcher eingetreten sei. Vielleicht hat jemand seinen jugendlichen Glauben verloren und ist darüber männlich, herb, reif, sehend, gütig geworden. Ein anderer konvertiert zur Wahrheit, und seine gnadenlosen

---

4   So Bouyer, S. 260f.; Elmar Salmann, *Gnade und Leid*, in: Geist und Leben 49 (1984), S. 322-336 und die spannenden Ausführungen Barths zur Erwählung der biblischen Gestalten in KD II,2; IV,3, 553ff.

Züge treten schärfer hervor. Wieder ein anderer wird erwählt und muss die Verworfenheit seines Volkes und die Diastase von göttlichem und menschlichem Willen an sich austragen – man denke nur an Jeremias, Judas, Saul, Jesus. Und kann man angesichts solcher Überkreuzungen bei David oder Paulus in Bezug auf den Charakter und ihre menschliche Erträglichkeit von einem Fortschritt sprechen? Oder war Augustin in Cassiciacum in jeder Hinsicht unreifer als während des Gnadenstreits mit Donatisten und Pelagianern?

Diese schwankenden Gesetze gelten wohl auch für die kollektive Geschichtsschreibung. Denken wir an die Wege Israels, den Reigen messianischer Erwartungen, den Zusammenbruch politischer, kultischer, priesterlicher, prophetischer, sapientialer Konzeptionen. Und hat sich seine Geschichte in David, Jeremias, Johannes d.T., in der Ablösung des Tempels durch die Synagoge und der Zerstreuung nun erfüllt oder ist sie nicht vielmehr gescheitert? Wer vermöchte da zu urteilen oder hätte dazu auch nur die geeigneten Kriterien? Und die Kirchengeschichte – ist sie nun ein Fortschreiten des Geistes Jesu auf die größere Offenbarkeit Gottes in der menschlichen Freiheitsgeschichte hin (und was könnte sonst der rechtfertigbare Sinn der Verzögerung der Parusie sein?) oder ein Abfall von Praxis und Verheißung Jesu? Oder das Vaticanum II – wieviel an Glaubensmöglichkeit und kairologischer Gegenwart des Christentums ist durch es erschlossen und gehoben, wieviel an sakraler Würde freilich auch zerstört, wieviel Gläubige in Gleichgültigkeit und innere Emigration getrieben. Es war wohl notwendig, um Grundwerte neuzeitlichen Lebensgefühls in der Kirche zu beheimaten, aber ist das wirklich gelungen? So gibt es auch kollektive Geschicke, fette und dürre Jahre, die sich auf die (Un)glaubensgeschichte des Einzelnen auswirken. Und letztlich wissen wir nicht, was dem Menschen und erst recht der Gegenwart Gottes in der Zeit frommt und dienlich ist.

Aus alldem ist ersichtlich, dass es sich bei der Kategorie des Fortschritts und den sie stilisierenden Schemata mehr um abstrakte Ordnungsraster, phänotypische Beschreibung, Muster, vage Orientierungshilfen für Beichtväter und zudem wohl eher von außen, aus Neuplatonismus und Stoa ins Christentum eingedrungene Typisierungen handelt, die nur sehr locker und keineswegs einlinig mit der lebensgeschichtlichen Entwicklung ineinsgesetzt werden dürften. Dies gilt zumal heute angesichts der überlangen Lebenserwartung, die uns längere Phasen von Abfall, Ermüdung, Indifferenz abverlangt und ermöglicht, in denen wir uns in Ehe, Ordens- und Glaubensleben arrangieren müssen und dürfen, ohne große Ansprüche an deren Intensität zu stellen. Wie soll man mit solchen Latenzzeiten der Liebe umgehen? Und hat es solche nicht auch bei Jeremias (etwa unter Josia) und im Leben Jesu gegeben, das sich bis zu seinem öffentlichen Auftreten ganz im Verborgenen vollzog? Jedenfalls scheinen sich Steigerungsmodelle des geistlichen Lebens nur sehr bedingt zu einer realistischen Beschreibung, gar zur Normierung eines Weges und allenfalls zum Geleit für kürzere Strecken zu eignen; man vergesse nie, dass die neutestamentlichen Zeugnisse sich auf ein gutes Lebensjahr Jesu beziehen. So lange kann jeder intensiv leben!

Von daher also unsere Aufgabe: wie soll und kann man nüchtern, theologisch und psychologisch verantwortbar von Reifung und geistlichem Fortschritt reden, und dies ohne falschen Druck auszuüben und der verschiedenen Etappen, Brüche und Reprisen eingedenk, die wir erwähnten? Dem wollen die folgenden eher vorläufigen und weisheitlich-phänomenologisch getönten Bemerkungen dienen.

II. Annäherungen

Die eine Geschichte der Freiheit und ihre Kairoi

Im Blick auf die Lebensführung kann Fortschritt nicht Entwertung und Überwindung des Vergangenen heißen, das man darin einfach hinter sich ließe, ist also nicht mit der beschleunigten Entwicklung von Technik und Wirtschaft oder der Rekorde im Sport zu vergleichen; vielmehr wäre, christologischen Gesetzen und Motiven folgend, eher von einem Zuwachs ins Selbe zu sprechen, in welchem jemand das wird, was er keimhaft war und sein kann und soll, und endlich das annimmt und darstellt, was aus ihm geworden ist. Denn niemand wird irgendetwas, geht irgendwo hin, sondern er (v)erwirkt in Stand und Gehen seine ihm mögliche Freiheit, Gestalt, Gültigkeit, und dies in der leidend-tätigen Verwindung ihrer verschiedenen Etappen und Gezeiten. Zeit ist deshalb nicht unziemliche Eile, Hetzjagd des Erreichen-Wollens, atemloser Fortschritt, sondern Vor-lauf in das, was ich war, bin und sein kann, erinnernde Sammlung und gespannte Zuversicht, Versprechen möglicher Zukunft, Empfänglichkeit und gestaltende Arbeit, Zeitigung von Freiheit und Formung der Zeit – durch Scheiterung und Erstehung, Einbehalt und Verlust, Zerstreuung und Sammlung.[5]

In einem solchen Modell hat jeder Augenblick seine mögliche Bedeutung, ja Absolutheit, jede Lebensphase kann Kairos sein, Anstoß zu Gelingen und Scheitern, der Hervorbildung der Option des Lebens dienen. Jeremias ist Gefäß der Gegenwart und des Zornes seines Gottes – wie Jesus, und

---

5 Zum Ganzen Karl Rahner, *Grundkurs des Glaubens, S.* 103ff; ders., *Trost der Zeit,* in: *Schriften zur Theologie* III, S. 173, 187; ders., *Zum theologischen und anthropologischen Grundverständnis des Alters,* ebd. XV, S. 318.

zugleich Glied in einer Geschichte von Heil und Religion, die er nicht überblickt. Ebenso ist das Kind voller Mensch, weise, vielschichtig, mit seinem Gott eins und konfrontiert, in sich gerundet wie der Erwachsene – und eben doch Verheißung, die sich dereinst wird einlösen, unterschreiten oder überbieten müssen. Da gibt es kein Überholen oder Verhalten, alles kann Moment des Anrufs und der Antwort sein, Stunde des Gewissens, blitzhaftes Aufgehen eines Antlitzes, Augenblick, der immer (im doppelten Sinn) Moment in der Erbildungsgeschichte eines Menschen ist. Leben ist solche Schichtung und Verschlingung von Situationen, in deren Aufwerfung und Gefälle der Stil einer Existenz erwächst. Der Lebenslauf läuft nicht fort und weg, sondern staut sich je neu und anders, bündelt und reflektiert sich in Situationen, in welchen der Mensch seines Ich, der Logik seines Geschicks und der Richtung seiner Sendung inne wird und sich dementsprechend auslegt. Es sind Situationen, denen man transzendentale Bedeutung beimessen muss, da sie das Ganze des Lebens vor sich selbst bringen, verstehen und aufgehen lassen, wie dieses sich von ihnen her erhellt, erhält und bezeugt.[6]

Der Lebensrhythmus und die Epochen der Entscheidung

Normalerweise erbringt sich Leben im Rhythmus von Tagen, Wochen, Monaten, Arbeits- oder Studienjahren, dem Wechsel von Wachen und Schlafen, Einsatz und Freizeit. Niemand wird in Vor- und Rückblick mehr als ein- bis anderthalb Jahre seiner Geschichte zusammenhalten, weshalb Werke, an denen man länger arbeitet, uns fremd anmuten, größer, vielschichtiger, umheimlicher, reicher sind als ihr

---

6 Zum Verhältnis von Zeit, Zeitigung und Erzählung besonders Paul Ricœur, *Sé come un altro,* Milano 1993, S. 201-261.

Autor.[7] Und jeder Jahresring unserer Seele trägt noch die Spuren der jeweiligen Trocken- oder Regenzeit, von Ge- und Misslingen, um dann mit dem Lebensstamm, in den hinein er verschwindet, zu verwachsen, als Stigma zu bleiben, Dichte und Richtung seines Wachstums mitzubestimmen.

Endlich gibt es Großperioden von Zeitaltern und Jahrsiebten, die ihren eigenen Anfang und Aufgang, ihre Möglichkeit zu Reife und Selbstverfehlung ausleben. Das Kind hat *seine* Reife, so der Student oder der alte Mensch. In jeder Phase bündelt sich alle Weisheit des Lebens auf die ihr eigentümliche Weise, um sich dann womöglich wieder zu verlieren. Wie klug war jeder von uns als Kind, wie vielseitig gebildet als Abiturient, wie scharfsichtig als Student – und was ist davon geblieben? So eignet jeder Zeit ihre Vollendung, die aber nie Garantie, sondern nur entfernte Voraussetzung für das Gelingen der folgenden Phase ist. Eine erfüllte Verlobungszeit, ein reifer Student, der alles mit Übersicht und Maß zu beurteilen weiß, ein begeisterter, idealer Novize, sie müssen nicht zum Ehepaar voller Verständnis, zum reifen jungen Pater gedeihen. Es kann durchaus sein, dass nach dem Bruch, beim Neuansatz das Leben zerfließt, jemand den neuen Belastungen nicht gewachsen ist, regrediert, die Lebensspur verliert oder verlässt. Dies zumal, weil mit dem Gelingen die Gefahr der Scheiterung wächst, mit der Verheißung die Möglichkeit der Verfehlung. Je näher man dem Ideal, dem Glauben, der Selbstgestalt kommt, umso stärker machen sich Gegenkräfte bemerkbar, das Ungelebte, das Andere, Ungefüge fordern ihr Recht. Besonders vielversprechende Schüler verbrennen sich zu früh; es ist, als ob ihr Lebenssaft sich einmal gesammelt und dann verausgabt hätte. Die gesteigerte Produktivität eines Jahrzehnts

---

7   Michel Tournier, *Il vento paracleto*, Milano 1992, S. 131ff.

muss sich keineswegs fortsetzen, ebenso können sich Form-
gefühl und Einsatzkräfte dann auf andere Felder verlagern
oder auch ganz versiegen.

Das Fortschrittsmodell muss also erheblich beweglicher,
dramatischer beschrieben und genauer mit den einzelnen
Kairoi und Lebensphasen vermittelt werden, als es in der
geistlichen Beratung allgemein geschieht. Da stellt man den
Menschen ein bestimmtes Ideal der Ehe oder Kontemplation vor, das sie anzunehmen und zu inkarnieren haben,
ohne der Risiken und Wandlungen zu gedenken, die dieses erleiden und eingehen muss. Jeder wird in Ferienzeiten
anders leben als während der Arbeit, in belasteten anders
als in leichten; das Bild Gottes wird sich lichten und ver-
düstern, latent und offenbarer, irreal und dringlich, ja oft
gleichgültig werden (wahrscheinlich ist man zu einem großen Prozentsatz des Nerven- und Seelenhaushaltes wie der
Lebenszeit eher Agnostiker, lebt so, als ob Gott fern und entlegen wäre) und ebenso Ehe und Beruf mal intensiv und erfüllt und dann nur gewohnheitsmäßig und als Arrangement
leben. Da könnte eine phänomenologisch wahrhaftige und
genauere Schilderung der Verhältnisse viele Schuldkomple-
xe lösen und zu einem freieren Umgang mit sich und der jeweiligen Lebensform und -option anleiten.

Vergangene Zukunft: das Spiel von Pro- und Revokation

Fortschritt geschieht auch in einem weiteren Sinn kom-
plizierter als man erwarten möchte. Denn Zeit und Identität erwirken sich in einem projektiven Zusammenspiel und
gegensinnigen Überkreuzen von Ereignis, Erzählung und
Hoffnung, Rückkoppelung und Voraussicht, Protention und
Retention, Erfahrungsraum und Erwartungshorizont, die
sich gegenläufig bedingen und je neu definieren. Erwartun-

gen konstituieren die Weise der Präsenz des Vergangenen, und Erfahrenes und Erzähltes erwirkt Gegenwart und mögliche Zukunft. Auf Dauer wird der Mensch zu dem, was er von sich erzählt und für sich erhofft, Rück- und Vorprojektion stecken den Raum des jeweilig Widerfahrenden ab. So gibt es keinen Fortschritt ohne Revision des Einst; kritische Archäologie und sinnorientierte-entwerfende Eschatologie, schöpferisches Berichten und Klärung des Kommenden wie Gastfreundschaft im Gegenwärtigen gehören einander. Jesus wird immer mehr und tiefer das, was er verkündet – und die Jünger von ihm aufnehmen, und diese verwandeln sich in jene größere Wirklichkeit, die Jesus ihnen vor- und offenhält. Und so erstehen die Texte und Begebenheiten des Alten Bundes wie Geschick und Scheitern des irdischen Jesus in neuem Licht, und in der Kraft der Revision dieser Herkunft eröffnet sich der Raum der Kirche.[8]

Dies gilt es noch genauer zu sehen. Da ist einmal der wandelnde Rückblick auf die Herkünfte unserer Ek-sistenz, und jede vocatio hängt von der Revokation, der Fähigkeit ab, sich nüchtern und dankbar mit dem Vergangenen ins Benehmen zu setzen. Jeder Mensch ist Sohn, Produkt einer immensen Vorgeschichte, verdankt sich unendlichen Anstrengungen und unvordenklichen Gnaden, einer Geschichte der gratia consecrans, der Verkettung und Vernetzung

---

8   Neben Koselleck und der genannten Arbeit von Ricœur, vgl. noch ders., *Tempo e racconto I*, Milano 1986, S. 91-140; ders, *Tempo e racconto III*, Milano 1988, S. 159ff., 372ff.. Ferner Heinrich Rombach, *Strukturanthropologie*, Freiburg 1987, S. 150ff., 263ff. Alle Genannten verdanken selbstredend Entscheidendes den Zeittheorien Husserls und Heideggers. Zum Stichwort ‹mitobiografia› und seinem Hintergrund in der Psychologie Jungs: Ernst Bernhard, *Mitobiografia*, Mailand 1969. Er war – als emigrierter Berliner Jude – einer der Pioniere der Psychoanalyse in Italien und Freund und Arzt von Natalia Ginzburg, Giorgio Manganelli, Fellini und vielen anderen.

von Vorgaben, ist Vor-bewusstsein, Reservoir an arche-
typischen und kulturellen Er-innerungen, die er nie wird
ganz ausschöpfen und aktualisieren können. Er erscheint
als Empfänger, Durchgang von Träumen und Traumata, Geschichten und Gesten, Riten und Bildern, die ihn gezeichnet,
stigmatisiert haben, ist eingebunden in eine Welt, die sein
Lebensraum bleibt. Diesen Schatz langsam ins Bewusstsein zu heben, sich zu ihm dankbar und kritisch sichtend
zu verhalten, gastfreundlich antwortend und ihn sich an-
verwandelnd, ist eine der Grundaufgaben des Daseins. Eine
unendliche Arbeit der Übersetzung und Metamorphose, der
Eucharistie und Selbstüberwindung. Und je mehr es ihm gelingt, sich zu den Ursprüngen der Existenz erinnernd zu verhalten, umso freier wird der Mensch ihnen gegenüber, umso
weniger werden diese anonym auf ihm lasten, desto mehr
wandeln sie sich zu Vorgabe, Reichtum, Möglichkeit, wird
das Erfahrene Ausgangspunkt weiterer Wanderungen, Pro-
vokationen und Projekte.

Wer so den Mut hat, Sohn seiner menschlichen und meta-
physischen Herkünfte zu sein, die auctoritas des Vergangenen anzuerkennen, die eigenen Ursprünge zu ehren, hat
Zukunft, wird Vater seiner selbst und seiner Identitätsgeschichte sein können, sich und sein Hinterland fruchtbar
bezeugen, seinerseits Autorität sein, vorbewusst Zukunft
empfangen und gestalten. Und in alldem etwas vermitteln,
das größer ist als er selbst, also fortschreiten aus der Kraft
der Retention. Und je unbefangener und mutiger jemand
seine Erfahrungen investiert, desto freier wird er gegenüber
der Zukunft. Diese erscheint nun nicht mehr als dräuend-
bedrängende, als utopisch-entworfene, völlig inkommensurable, alles zerstörende Revolution, muss auch nicht nur
entworfen und geplant werden, sondern ist zugleich das
Zukommende, kann und darf als Zugabe empfangen wer-

den, ist Hochzeit von Leistung und Gnade, Aufbruch und Entgegenkunft, Arbeit und Huld der Ankunft des Reiches. Sohn- und Vaterschaft bedingen sich ebenso wie Her- und Zukunft, Arbeit und Gewähr der Identität in solchem Vor- und Fortgang einer Freiheitsgeschichte gegenseitig.

Ja, Freiheit ist nichts anderes als solches Zwischenspiel von Vorgabe, Deutung und Verwirklichung, von eigentümlichem Charakter des Selbstseins, an dem jeder sich und den anderen erkennt, und dem Versprechen reflektierter Selbstheit, das er mit sich gibt und immer noch einzulösen hat, von Kontinuität und Wandlung, zugemutetem Geschick (jedes Leben hat und ist seine ‹mitobiografia›, seine Sendungs- und Krankheitsgeschichte, ist besessen von Mächten, Motiven, Archetypen, behindert und getrieben) und einer Kraft der Deutung und Handlung, die es in die Hand zu nehmen weiß. All dies kann man an der Lebensparabel der Propheten und Jünger ebenso ablesen wie an der Werkfolge großer Autoren, eines Anselm, Kant, Hegel, Rilke, Goethe oder Ricœur. Wie konsequent werden etwa bei letzterem die Sequenzen der dem Leben auferlegten und doch auszulegenden und frei zu übernehmenden Dimensionen entborgen und entwickelt, bis der Mensch als Gespinst von unbewusst-vorwillentlichen Motiven, als schwaches und doch ethisch verantwortliches Subjekt, als zweideutige Herkunft und noch zu entwerfende Zukunft, als Trieb- und Sprachwesen, als in Metaphern und Erzählung, Fiktion und Projektion verstrickt, als handelnd und frei erscheint, Werk- und Lebensfolge ineinander verwoben, einander verzweigt. Ein solcher Weg ist Entbergung der ursprünglichen Intuition und Intention eines Lebens und zugleich Aufgang seiner spontanen Freiheit, seiner hermeneutischen Handlungsspielräume, ebenso Fortschritt wie Gewebe, Ortung wie Öffnung, Rückstieg wie Vorgang.

*Der geerdete Himmel: Lichte Transzendenz
und Magie der Unterwelt*

Rede und Wirklichkeit von Fortschritt sind freilich damit
noch lange nicht erschöpft, sondern noch einmal komple-
xer. Denn menschliches Leben erstreckt sich nicht nur als
Doppelparabel in geschichtlicher Auszeitigung nach hinten
und vorn, sondern ebenso nach oben und unten, nicht nur
horizontal, sondern auch in der Vertikale, ist Ereignis (und
Abstieg aus) der Lichte und gründet im Unten, je neu dem
Dunkel entsteigend, sich ihm entringend. Da ist der Mensch
einmal pneumatischer Lebensbogen, ganz nach oben geöff-
nete Parabel, offener Kelch, sich selbst von dort her ein-
gesenkt, Gleichnis einer unvordenklichen Herkunft. Denn
die einmalige Freiheit ist nicht Produkt der Eltern, der geschichtlichen Zufälle und Erbschaften, sondern verdankt
sich einem Willen und ist deshalb Name, gewollter, angeru-
fener und verant-wortlicher Wille, also Re-flex eines Logos,
eines Ursprungs, einer lichtenden Vernunft. Ich empfange
mich als Wort an mich selbst, ja bin das einzige substantiel-
le Wort, das Gott an mich gerichtet hat, sein fleischgeworde-
ner Wille, Ergebnis einer Gnade, mir zugedacht, zugetraut,
zugemutet – und darin Widerwort, Entsprechung, Zutrauen,
Gemüt, Fähigkeit zu Reflexion und Reaktion. Ich bin selbst
Überich, mir geboten, vorgesetzt, und soll, kann und darf
ich selber sein und werden. Ein Überich, das sich (an sich)
übernehmen, scheitern und aufrichten soll; Möglichkeit, potentia, demütige Macht des Selbstempfangs und der Selbst-
entfaltung, genau im Scheitelpunkt seiner selbst geortet und
darin unendlich eröffnet, Gesetz und Gleichnis seiner noch
werdenden Freiheit. Da jeder hapaxlegomenon Gleichnis-
wort Gottes ist, sein Zu-, An- und Einspruch, ist jeder für
sich einsam und absolut, zu sich hin absolviert – und gerade darin sind wir füreinander licht, verständlich, können wir

71

einander ehren, respektieren, annehmen. Da waltet also kein anonymes Gesetz, keine introjizierte Moral, sondern das Zugleich von Sein und Sollen, Gnade, Vermögen und Gesetz, Auftrag und Möglichkeit, Zuspruch und Gebet, Selbstgegenwart und Fortschritt in das Gesetz meines Lebens hinein.[9]

Und da ist der somatische Lebensbogen, die Tiefenparabel. Der Mensch ist nicht nur aufrechter Gang, nach oben blickend und von dort her angesehen, sondern ebenso geerdet, gebunden, geortet, Urverbundenheit, Es, Trieb, unterpersonal, dem Reich der Mütter erschlossen und ausgeliefert, dem Triebgrund anheimgegeben, in ihm beheimatet, aus ihm emergierend, Archetyp, gewiegt im Grund – und Typos, Individuum einer Spezies. Dem ist er ausgesetzt, von ihm genährt, behütet, übermacht. Es ist die unbewusste Gnade der Konnaturalität, der weltseelischen Eingebundenheit, die uns vorthematisch verbindet, einander instinktiv verstehen lässt. Hier gründen sich die Einheit von Lachen und Weinen, Komik und Tragik, Kindsein und Alter, die wir sind, die Rhythmen von Wachen und Schlafen, Tag und Nacht, Ruhen und Aufstehen, Essen und Verdauen, Wollen und Verzichten, die wenigen Gesetze und Rhythmen des Lebens, das Leiden der Steigerung und der Minderung. Hier nisten die dunklen Erfahrungen der Menschheit inmitten unseres erweiterten und verabgründeten Selbst, die Schatten des Verdrängten, Unvordenklichen, Unheimlichen, hier locken die drängend-dräuenden, verheißungsvollen Bilder möglicher Zukunft, hier sind die Ober- und Untertöne der Lebensmelodie zu hören, hier vibriert das Erdhafte, uns mit

---

9   Zu einer solchen theologischen Konzeption verantwortlicher Freiheit coram Deo: Gerhard Ebeling, *Dogmatik des christlichen Glaubens* I, S. 88ff., 94ff., 192ff., 215ff., besonders S. 346ff.; Karl Rahner, *Schriften zur Theologie* IX, S. 161ff.; X, S. 133ff.; XIII, S. 148ff.

Pflanze, Tier und Welt Verbindende, der Eros. Wohl können wir uns an all das verlieren, in den Brunnenschacht stürzen, die Freiheit aufgeben – aber mehr noch steigt aus diesem Abgrund Wasser und Triebkraft unseres Lebens empor, trägt und geleitet uns dieser Grund, hilft, dass wir nicht die Fassung verlieren. Und zugleich müssen wir aus ihm emporsteigen. Sind wir als Kind von ihm umhegt und eingeschlossen, so nur, um uns langsam von ihm zu lösen, ihn unserer personalen Gestalt einzuverleiben und diese ihm einzuprägen – bis wir uns endlich dann doch dorthin neigen, in Alter, Weisheit, Sterben zu ihm uns kehren müssen (und dürfen?), dem Schwergewicht des Leibes, des Eros und des Todes folgend, aufs Neue umnachtet, gehegt, eingehüllt. Fortschritt als demütige Einwilligung in die Geneigtheit unseres Lebensbogens?[10]

Beide Parabeln überschneiden einander: der lichte Geistbogen senkt sich gleichsam wie eine Girlande vom Himmel herab, und die Erdparabel steigt und fällt einer Arkade ähnlich, um sich im Moment der Lebensmitte zu tangieren. Aufstiegsbogen des Somatischen, der archè, bis hin zum Ausblick auf das Oben, die selbstbewusste Freiheit und Inkarnation, Einsenkung des Geistes ins geeinzelte Geschick des Erdenkloßes, aus dieser Überkreuzung, die je neu gelebt und ratifiziert werden will, webt sich das Muster des Lebens. So ist der Mensch Kreuzpunkt, Windrose von vier Parabeln: Her- und Zukunft, Himmel und Erde berühren, schneiden, verzahnen und scheiden sich in und an ihm, und

---

10 Zur anthropologischen Grundsicht: August Vetter, *Wirklichkeit des Menschlichen*, Freiburg 1960, S. 82ff., 142ff. sowie die Schemata zur ‹Höhenpsychologie› bei Ulrich Mann, *Tragik und Psyche*, Stuttgart 1981; auch Heinz Robert Schlette knüpft an eine alte kosmologisch-ganzheitliche Sicht des Zueinander von Welt und Mensch an: *Weltseele. Geschichte und Hermeneutik*, Frankfurt 1993.

je mehr sie sich einander ergeben, bereichern, korrigieren, desto reicher und reifer, eingelassener und offener, selbständiger und erschlossener wird ein Leben sich entfalten, auf sich selbst und seine Bestimmung zuwachsen, sich selber gewachsen sein. Fortschritt als Kraft, den Grunddimensionen und -richtungen des Lebens, der Vierheit der Parabeln standzuhalten?

Die Lebensalter: puer senex

Das bisher zur Identitäts- und Bildungsgeschichte des Subjekts Entwickelte soll nun an den Grundperioden menschlicher Existenz (Geburt, Kindheit, Adoleszenz, erwachsene Reife, Lebensmitte, Alter, Tod) erläutert und so beschrieben werden, dass die Absolutheit und ontologisch-wesenhafte Bedeutung wie die Unverzichtbarkeit jeder Phase ebenso hervortritt wie ihre gegenseitige Ver- und Beschränkung, also Augenblick, Fortschritt und Schichtung der Lebensmotive und -phänomene zugleich in ihrer Bedeutung erscheinen. Dass dies hier nur stichwortartig geschehen kann, dürfte einleuchten.[11]

Geburt und Kindheit. Jeder ist in die Welt der Fremde hinein ausgesetzt, hat das erste Trauma der Trennung hinter und in sich, die Erfahrung der Kenose, der Vertreibung aus dem

---

11 Im Folgenden beziehe ich mich auf Entwicklungstheorien der Psychologie, wie sie sich bei Erikson, Bühler u.a. finden und auch für die Schilderung der Glaubensreife fruchtbar wurden. So etwa bei Michael Klessmann, *Identität und Glaube*, München-Mainz 1980, bes. S. 46ff. (zu Erikson), 116ff. (Ontogenese); James W. Fowler, *Stages of faith*, 1981, hier zit. nach der deutschen Ausgabe: *Stufen des Glaubens*, Gütersloh 1991. Für die Beschreibung des Kindseins vgl. Heinrich Spaemann, *Orientierung am Kinde*, Düsseldorf 1967; Hans Urs v. Balthasar, *MystSal II* (1967), S. 15ff., endlich die unnachahmliche Beschreibung des gewalttätigen Durchstoßes der Geburt am Anfang des Romans von Gesualdo Bufalino.

Paradies und zugleich die Gnade und Last des Anfangs, des Auf- und Durchbruchs, des Kampfes und des Widerfahrnisses des Neuen, der Lichte des Tages, der Einzelheit. Niemand verdankt seine Existenz sich selbst, er ist in diese hineingestoßen und -gegeben. Da waltet ein Primat des Müssens und Dürfens, des Sich-Gebotenseins, der auch den Erwachsenen bleibend trägt und an seine konstitutive Abhängigkeit erinnert. Aus der Gnade des Anfangs ersteht die Kraft des Staunens, des unbefangenen Hinblicks, der Empfänglichkeit und Gastfreundschaft für Dinge, Menschen, Welt. Im Wunder des Sich-verwundern-Könnens, welches das Leben in seinem freienden Charme ist und es als solches entdecken lässt, ersteht der Mensch sich selbst und geht ihm gleich ursprünglich das Wunder des Anderen auf. Freilich liegt in solcher Offenheit auch die Verwundbarkeit, Bedürftigkeit, Ratlosigkeit seines Wesens begründet, das Wehrlose und Zarte, das keine erwachsene Attitüde je ganz wird überdecken können. Wie auch die Verheißungen der mütterlichen Liebe, die sich nicht halten lassen, der Keim der Enttäuschung und der aus ihr resultierenden endlosen Suche nach der ersten Einheit, dem anfänglichen Wunder, sich unausrottbar in das Herz des Menschen einbrennen. Da muss schon das Kind lernen, einsam zu sein, sich zu behaupten, erfahren, dass nichts auf der Welt erfüllend, absolut, mit Gott zu verwechseln ist. Beide Ersterfahrungen stigmatisieren den Menschen, sind notwendig und konstitutiv für das weitere Leben. Ohne die bleibende Erinnerung an jenen Zauber, jene Kraft des Wunders, ohne das ‹Kind im Manne› wäre das Leben seines Charmes und seiner Spannkraft beraubt; ohne das Mal der Enttäuschung, der Leere und Ausstoßung wäre er dazu verdammt, weltliche Wirklichkeit für das Erste und Letzte zu halten, bliebe also im Gefängnis seiner Ideologien, seiner Herkunft eingeschlossen. Nur im Zugleich beider, im elliptischen Raum von Fülle und Entbehrung, Gnade und Leid, Vorgabe und Ausstand spannt sich der Lebensbogen, wird man sinnvoll von Fortschritt sprechen, der den kindlichen Raum in dieser Hinsicht nicht verlässt, sondern nur je neu und anders ausschreiten muss.

Pubertät. Jeder kann, darf und muss er selbst werden, autonom, sich absetzen von jeglicher Autorität, Vorgabe, den Eltern, sich gegen sie auflehnen, um sich daran aufzurichten (man denke an den zwölfjährigen Jesus im Tempel), jeder die Widersprüche des eigenen Ich, das nicht mehr Kind und noch nicht erwachsen ist, die innere und soziale Ungesichertheit der Existenz austragen, jeder sich dem Außenblick der anderen, neuen Formen der Gesellung stellen. Nur so entwickelt sich die Fähigkeit zu Selbstand, Objektivität, Werksinn, Initiative, der Mut zur Zukunft gegen alle Selbst- und Weltzweifel, Minderwertigkeit, Schuldgefühl, Regression. Auch diese Phase bleibt ein Stigma menschlicher Existenz. Immer wieder werden pubertäre Phasen den Erwachsenen, gar den älteren Menschen heimsuchen und ihn einladen, Unübersichtlichkeit und Widersprüchlichkeiten des Lebens anzunehmen, sich der Möglichkeiten des Aufbruchs zu freuen, das Neue zu wagen.

Erwachsensein. Zum Menschen gehören Amt, Objektivität, die Behaftbarkeit seitens der anderen, die Kraft zum Standhalten, zu Selbstverfügung und Über-sich-verfügen-Lassen, zu Dienst und Aufmerksamkeit, der Mut, Autorität zu sein, neues Leben zu zeugen und für es einzustehen und in alldem durchsichtig, Repräsentant zu sein für überindividuelle Zusammenhänge. Intimität, Generativität und Offizialität in ständiger Selbstüberwindung miteinander zu versöhnen, ist bleibende Aufgabe und Freude schöpferischen Lebens, das dem Widrigen zu widerstehen und das Angemessene zu fördern weiß.

Krise der Lebensmitte.[12] Bis dann alle Selbstkonzepte privater wie beruflicher Art in Frage gestellt und unterminiert werden. Das Nachlassen der biologischen und psychischen Kräfte, die Langeweile ermüdender Wiederholung und Abnutzung durch Gewöhnung wie die wachsende Einsicht in die Zweideutigkeit aller Ideale und die Ambiguität und Schuldigkeit des eigenen Tuns und Seins, die Entdeckung des Ungelebten, Verschütteten, der ungehobenen Talente, die neu zu bestehende Einsamkeit, das Überholtwerden durch die anderen, all das führt in eine Rollen-, Sinn- und Bestimmungskrise, die leicht zu falscher Verhärtung (Maske des Offiziellen, der bisherigen Identität), zu pubertären Ausfällen (voreilige Berufs- und Partnerwechsel, Pseudo-Jugendlichkeit) oder zu Regression, Infantilität, passivem Verhalten und vorzeitigem Altern führen kann. Gelingt es an dieser Bruchstelle, die Endlichkeit, Vorläufigkeit und Zweideutigkeit des Lebens anzunehmen, wird man vielleicht mit der Relativität aller Werte und Dinge auch ihren symbolischen Reichtum und Ernst neu entdecken und würdigen, die Widersprüche als polares Spiel der geringen Variationsmöglichkeiten des Seins lesen und gelassen zu sich

---

12 Dazu meine Ausführungen in: *Der geteilte Logos* (= Studia Anselmiana 111), Rom 1992, S. 491ff. und die Definition von ‹Bekehrung› bei Fowler, S. 299, wo diese als Übernahme neuer ‹master stories› und Wechsel der Interpretations- und Handlungsgemeinschaft erscheint. Dabei ist darauf zu achten, dass nicht jede Veränderung, und sei sie noch so einschneidend, schon eine Wandlung der Glaubensstufe und der Reife bedeutet (ebd. 303). Die hier anvisierte Glaubens- und Lebensreife entspricht der 5. Stufe bei Fowler, ebd., S. 203f., und der Weltsicht Ernst Bernhards, für den der reife Mensch den ihm auferlegten Mythos, die nur von ihm zu erzählende Urgeschichte seines Lebens auf sich zu nehmen hat, die ihm damit zugemuteten Krankheiten und ‹Ausfälle› eingeschlossen. Das wäre der Höchstfall der Lebenskunst, einer Ästhetik der Existenz, der vernünftigen ‹cura di sé›, um die die ethische Diskussion bei Michel Foucault, Paul Veyne und Pierre Hadot kreist. Vgl. Wilhelm Schmid, *Auf der Suche nach einer neuen Lebenskunst,* Frankfurt 1991.

und dem Auftrag stehen, der einem auferlegt ist, ohne ihn zu überfrachten. Da mag neu die Freude an der Vielfalt der Welt, der Mut zu Demut und Großmut, zu ruhig kalkuliertem Wagnis im Menschen keimen. Er wird allein sein können, ohne sich in der Autarkie zu gefallen, den anderen respektieren und stützen, ohne altruistisch-beflissen zu sein, die Wahrheit lieben, ohne Fanatiker, die Schönheit, ohne Ästhet, den Glauben, ohne Frömmler, das Gute, ohne Moralist zu sein – und in diesem ‹ohne› mag das kleine Korn an Weisheit liegen, in welchem man darum weiß, dass Gott der Schwachpunkt jeder Ideologie, jeden Welt- und Lebenskonzepts ist, weil er eine Schwäche für jeden hat, für alles, was sich unseren Augen als entgegengesetzt und ausschließend darstellt; in ihm ist es gemocht, gelitten, gewollt. Und weiß das nicht schon jedes Kind?

Darin bereitet sich das in Würde bestandene Alter vor, die nüchterne Dankbarkeit für das Gewährte und Geleistete, die Reue angesichts der Verfehltheit von Leben, die anheimgegebene Zuversicht im Blick auf das, was da kommen mag. Und komponiert sich darin nicht eine Art Fuge aller Motive, eine andere Weise, neugeboren, Kind, adoleszent, erwachsen zu sein, das Bleibende jener Stufen einzubergen in die Einfalt des Lebensgestus? Wäre Reife nicht die Perichorese aller Stufen wie der Blick für ihren unersetzlichen kairologischen Wert?

Fortschritt des Glaubens oder Einwilligung in die Kenose

Bei solcher Komplexität der Überkreuzungen und Schichtungen ist auch für den Glaubensweg nicht mit einem ständigen Aufstieg zu rechnen, sondern eher, darin der Doppelbewegung der Jakobsleiter und der Logik des Lebens des inkarnierten Logos verwandt, mit einem Auf und Ab. Auf-

stieg und Niedergang, Niederlage und Sieg, Einwilligung in
die Enge und Aufgang der Weite, Integration und Preisgabe sind ineinander verwoben. Der Christ wird nie mit einer
einlinigen Bewegung des Fortschritts oder Aufstiegs, einer
Wachstums- und Siegergeschichte rechnen, sondern stets in
beides einwilligen, weiß er doch nicht, was ihm frommt, bestimmt ist, zum Heile dient. Christlich gesehen, ist der Fort-
schrittsgedanke selbst ambivalent – und para-dox, ent- bzw.
verbirgt sich seine Wahrheit doch häufig sub contrario, unter dem Vorschein des Gegenteils. Was sich dem flüchtigen
Blick und menschlicher Logik als Niederlage, Fiktion, Scheitern, Demütigung darstellt, kann der Höhe- und Umschlag-
punkt einer Freiheits- und Sendungsgeschichte sein; und
umgekehrt, Zeiten des Höhenflugs und Erfolgs können in
der Perspektive der inneren Logik einer Biographie oder ihres Wertes vor Gott sich als nichtig, steril, kontraproduktiv
herausstellen. Und sind nicht Trauer, Verlust, Bruch oft der
Ursprung einer sich selbst verstehenden Biographie, die der
ihr zugemuteten Tiefe, Bedingtheit, Gnade und Gesetze inne
und gerade darin fruchtbar wird?[13]

Inmitten der Erbildung einer Identitätsgeschichte sind so
indirekt-symbolisch schon die zentralen christlichen Mysterien aufgeleuchtet: Vater- und Sohnschaft, Individualität
und Sendung, Absolutheit des Anspruchs und Relativität
aller Kriterien und Kategorien, die Umwertung von Sieg
und Niederlage, von Gesundheit und Krankheit, kurzum die
Gesetze von Inkarnation, Kreuz, Erstehung, Ich und Wir,
Anonymität und Wirkmacht des Geistes, und in alledem ein
wagendes Urvertrauen, ein Setzen auf die Vorgabe der Gna-

---

13 Vgl. Rombach, S. 226ff.; zum Zusammenhang von Verlust und Erbildung
einer Biographie vgl. Maurizio Ferraris, *Mimica. Lutto e autobiografia da
Agostino a Heidegger*, Milano 1992.

de, eine Eingelassenheit in Leben und Entäußerung. Glaube trägt als Akt und Inhalt, als Erkenntnis, Gestus und Verpflichtung, als Symbol und Stil zur Erhellung und Gestaltung der Lebensgeschichte bei, wie auch seine Motive aus dieser erwachsen. Und in der Entdeckung dieser gegenseitigen Verwiesenheit, dieses Geleits füreinander mag der eigentliche Fortschritt des geistlichen Lebens bestehen.

Lebens- und Glaubensphysiognomie erbilden sich so mit- und aneinander. Das wird in sehr individueller Weise und kaum gemäß der Schemata gehen, die die Geschichte der Spiritualität als Konfektionsware für kontemplative Insider bereitgestellt hat, meist in einer Absenkung und Mechanisierung der Rhythmen der spanischen Mystik, wobei die Unterschiede etwa zwischen Johannes vom Kreuz und Theresa von Avila nivelliert wurden oder die Exerzitien des Ignatius das Schema für Priestereinkehrtage abgaben. Dagegen wäre die Vielgestalt der Geschichten und Verwebungen von Glaubens- und Lebensgestalt zu heben, genauer zu sehen, welches Mysterium bei welcher Person und/oder in welcher Lebensphase zentral und bestimmend gewesen ist. Da würde man entdecken, wie wenig die Lebensbahn und die Theologie eines Augustin mit der einer Therese von Lisieux, die Guardinis und Rahners, Balthasars und Przywaras, Hammarskjölds und Mertons miteinander gemein haben, von dem Geschick und der Frömmigkeit einer Bäuerin oder eines Arbeiters gar nicht zu reden. Und wie soll man die Biographien der Priester beschreiben, die in den 40er oder 50er Jahren geweiht wurden und die dann, jeder auf seine Weise, mit den konziliaren Erneuerungen und Brüchen wie dem gesellschaftlichen Wandel nach 1968 zurechtkommen mussten? Wie viel an Befreiung, Neuentdeckung des Christlichen, wieviel an Verlust, grauer Gleichgültigkeit... Und so muss ein jeder dem Leben in Würde standhalten, es austragen, auszeugen, gebären, und darin mögen ihm die Mysterien des Christentums aufleuchten und helfen, sein Leben zu führen und zu verstehen.

So bedeuten und fordern nicht nur berufliche und psychologische Lebensführung, sondern auch der Glaube einen lebenslangen Lernprozess, die Kraft zu ständiger Neuinterpretation und -symbolisierung ihres Einander, die Einwilligung in die Dynamik des Wagnisses, des Vertrauens, der Treue, den Sinn für die Relativität jeder Ausdrucksgestalt, die Einbildungskraft, mehr zu denken, Neues zu wagen, der Mut, sich angehen und ansprechen zu lassen von bislang Unerhörtem. Heute mehr denn je ist ein solches freies, nachdenkliches, wandlungsreiches Verhältnis zwischen Leben und Religion nicht nur hilfreich und überzeugend, sondern fast überlebensnotwendig, ein Glaubensverständnis, das nicht an soziokulturelle Muster und Milieus und deren Ängste und Borniertheiten gebunden, sondern zur individuellen Daseinsform und Weltanschauung geworden wäre und deshalb die Vielfalt welthaften Lebens und der Denkweisen nicht scheute, sondern freudig und leidend akzeptierte, darin einwilligte, Minderheit zu sein, darauf verzichtete, den anderen den Glauben (und seine moralischen oder politischen Konsequenzen) aufzuerlegen.[14] Also ein kindlich-staunender und verwundbarer, adoleszent wagemutiger, sich von vielen Schemata lösender, neue Gemeinschaftsformen ausprobierender und zugleich erwachsen nüchterner, abschiedlicher, gelassener Glaube, der die Krise und Ungesichertheit von Lebens- und Glaubensgestalt annähme, ohne sie zu zelebrieren. Ein solcher Glaube, der

---

14 Zum Ganzen im Anschluss an Fowler: Albert Biesinger, Die Gottesbeziehung – ein lebenslanger Lern-Prozess, in: Theologische Quartalschrift 173 (1993), S. 32-50.

lernbereit ist, wird von der Bestandsaufnahme des Heute aus die biblischen Berichte und die alten Mysterien von Kreuz und Trinität, das Gefälle des Lebens Jesu neu lesen lernen, einer kritisch-befruchtenden relecture unterziehen und darin Trost und Weisung für das Bestehen der eigenen Situation finden, das Vertraute in seiner Gottferne und das Fremde als mögliches Symbol der Ankunft des neu-alten Gottes erspüren können.

Finale: Maskenball oder Endgericht

So hat sich unserem Blick Begriff und Sache eines Fortschritts immer mehr getrübt, er musste vielen Differenzierungen und einer erheblich dramatischeren Konzeption weichen und damit vielleicht biblischen Vorstellungen näher kommen, die um die Unverrechenbarkeit, Spontaneität und Krisis von Anruf und Antwort und die Gesetze der Nachfolge im Zeichen von Kreuz und Neuschöpfung wissen. Und da ist endlich noch ein letzter Grund für die Fragwürdigkeit unserer Kategorien. Kein Mensch kann nämlich sein Leben überblicken, endgültig beurteilen oder gar rechtfertigen. Über Auf und Ab, Rück- oder Fortschritt steht dem Menschen weder das erste noch das letzte Wort zu. Dazu bedürfte es einer Retrospektive des gesamten Lebenswerkes, einer révision de vie, die dieses von den vier Enden unserer Lebensparabeln her in den Blick nähme, von oben und unten, von hinten und vorn, und alle Überschneidungen, Vorgaben und Projektionen, das Erdhafte und Lichte ineinander schaute und gegeneinander abwöge. Und es ist zu hoffen, dass dies nicht in einem Maskenball als Stunde der Bloßlegung unter gnadenlosen menschlichen Augen geschehe, sondern unter dem klaren und gütigen Blick dessen, der schon unser Aufgang war – einem Blick, der nichts enthüllen wird als das, was wir selbst geworden sind, mit

allem verborgenen Reichtum, aller vertuschten Unmöglichkeit und das wäre schon Gnade und Gericht genug.[15]

15 Zum Bild des Maskenballs als hermeneutisch fruchtbarer Grenzperspek-
tive in je verschiedener Weise Schopenhauer, a.a.O., S. 533 (als Moment
positiver Klarheit); als groteske Entbergung der Irrealität von Leben und
der Grausamkeit der Zeit, denen man nur durch das Werk der Erinnerung
widerstehen kann: Marcel Proust im letzten Band seines Romans, der
zugleich die methodischen Schlüssel zum Verständnis seines Entstehens
und seiner Optik liefert: *Die wiedergefundene Zeit.* Zur Eschatologie und
der Logik des Gerichts: Hans Urs von Balthasar, *Pneuma und Institution,*
Einsiedeln 1974, S. 432ff.

Erfahrung mit der Erfahrung

Die menschliche Freiheit zwischen Entscheidung und Erwählung

Vor fast 30 Jahren, es war genau im Sommersemester 1967, wurde ich von Klaus Demmer in Grundbegriffe und -vorgänge transzendentalen Denkens eingewiesen. Bis dahin an ein Weltbild gewöhnt, wie es mir aus den Büchern Josef Piepers und neuscholastischer Metaphysik vertraut war, erinnere ich mich noch heute des Schocks, den dieses für meinen Hausverstand scheinbar luftige, sich in endlosen Denkschleifen und -spiralen ergehende, des biederen Seinswiderhaltes und greifbarer Kontur entbehrende Denken bei mir auslöste. Es war mir, als ob trotz der Strenge von Ansatz und Vorgehen sich alles in vage Horizonte, subjektive Selbstverpflichtung und bloße Relationalität auflösen wollte. Mein bisheriges, ins Ontische eingetauchte Denken geriet ins Wanken, ich machte eine Erfahrung mit, innerhalb und über mein Denken hinaus und entdeckte eine neue Welt, die der Freiheit als Integral, als Inhalt, Form und Gebot von Denken und Leben, Ethik und Religion. Das sollte mich bis heute prägen und wesentliche Koordinaten meiner Systematik bestimmen. Kurzum, ich hatte nicht nur eine Erfahrung, sondern eine Erfahrung mit meinem Erfahren von Welt, Selbst und Theologie gemacht. So möchte ich den einstigen Lehrer und heutigen Kollegen mit einer Reflexion auf Struktur und Sinn jenes Ereignisses ehren, wie sie sich in dem seit einiger Zeit in der Theologie fast zur Mode gewordenen Begriff der ‹Erfahrung mit der Erfahrung› bündeln und fassen. Im Gang einer transzendentalen Phänomenologie sollen deren ontologische, ethische und gnadentheologische Elemente und Perspektiven nach und nach entwickelt und sichtbar gemacht werden.[1]

Vom Erlebnis zur Erfahrung

Erfahrung hebt mit einem Erlebnis an; ich stoße auf etwas, das mir zustößt. Der Augenblick des Erlebens bricht über mich herein, bedeutet Verfremdung, Verwerfung, Auseinandersetzung, ein Widerfahrnis, das sich deutlich von dem bisher Gewussten und Erfahrenen abhebt, dieses verunsichert, negiert, übererfüllt. Eine andere Welt geht mir auf, ich werde von Neuem, Unerhörtem berührt, entdecke anderes an mir selbst. Was mich im Moment bannte, anzog und abstieß, wird zur Möglichkeit von neuer Erfahrung.

Erfahrung als interpretiertes Erlebnis

Erlebnis ist und wird noch lange nicht von allein Erfahrung. Man kann das Erlebte vorübergehen, verrauschen lassen oder in alte Kategorien einzuordnen suchen, so dass es nichts mehr zu sagen hat. Damit es zur Erfahrung wird, braucht es Welt- und Selbstabstand, muss ihm Platz eingeräumt, es zugeordnet werden zu den bisherigen Sinn- und Weltgestalten, eingefügt in die Wandlungsgeschichte des Ich. Und je beeindruckender ein Erlebnis ist, je tiefer und näher es die Ichmitte berührt und angeht, desto län-

---

1 Zu Begriff und Sache: Walter Kasper, *Der Gott Jesu Christi*, Mainz 1982, S. 112f.; unsere transzendentale Phänomenologie orientiert sich namentlich an Karl Rahner, *Grundkurs des Glaubens. Einführung in den Begriff des Christentums*, Freiburg i. Br. ²1984, bes. S. 31-90; ferner Richard Schaeffler, *Erfahrung als Dialog mit der Wirklichkeit. Eine Untersuchung zur Logik der Erfahrung*, Freiburg i.Br. 1995, S. 299-330, 424-433; außerdem greife ich öfters auf eigene Ausführungen zurück: Elmar Salmann, *Der geteilte Logos. Zum offenen Prozess von neuzeitlichem Denken und Theologie* (= Studia Anselmiana 111), Rom 1992, S. 401ff.

ger und einschneidender wird die Geschichte seiner Interpretation und Assimilation sein. Es braucht womöglich ein ganzes Leben, bis es die Gestalt und den Horizont gewonnen hat, die ihm gebühren. Das wird, um auf unseren Ausgang zurückzukommen, erst recht für die Entdeckung einer Grunddimension und -weise des Erfahrens und Deutens gelten, wie es die transzendentale Methode, die Selbstbesinnung auf Möglichkeiten, Bedingungen und Grenzen der Selbst- und Weltwahrnehmung darstellt. Mit einer solchen wird man, ähnlich wie mit den Grundentscheidungen religiöser oder ethischer Art, sein ganzes Leben lang nicht fertig, eben weil sie allesamt nur wahr sind, wenn sie die einzelnen Erlebnisse und die an ihnen gewonnenen Erfahrungen neu aufschließen.

Von der Deutung zur Symbolerfahrung

Was aber wird in der Erfahrung erfahren, ausgeschritten, gesichtet? Zunächst einmal werden die Gestalten und Koordinaten, ja der Vorgang des Erlebens, sein Hintergrund wie das neu sich Zuschickende als solche wahrgenommen: Der bislang unangefochtene Horizont des Denkens und Wertens als zu verwindende Tradition und Vorgabe, das Neue als Neues, dem man sich stellen muss, jedes Element geht als es selbst, in seiner Eigen- und Besonderheit auf; endlich widerfährt das Erfahren sich selbst als ein Wandlungsgeschehen des Subjekts und seiner Beziehung zur Welt. Es entsteht ein symbolisches Verweisspiel, in dem alles in seiner Absolutheit und seinem Wert, aber auch der ihm eigenen Relativität, Vorläufigkeit, Unabgeschlossenheit wie seinem symbolischen Charakter aufgeht, sofern ein Jedes eine ganze Welt, seine entlegenen Herkünfte wie ursprünglichen und höchsten Möglichkeiten darstellt. In einem langsamen Prozess der Konkretisierung werden gleichsam die Ober- und

Untertöne der Lebensmelodie, der Orgelpunkt vernehmbar, all das, was dem Subjekt das Erkennen ermöglicht und Welt als Welt in ihrer Fülle und Umgrenztheit erscheinen lässt. Man könnte vom Geheimnishof des Erfahrens sprechen, der sich selber in der Fahrt des Lebens licht wird.

Vom Geheimnis der Erfahrung zur Erfahrung des Geheimnisses

Indem sich Erleben zur Erfahrung, Erfahrung zur Thematisierung des in ihr Mitbewussten wandelt, macht die Erfahrung eine Erfahrung mit, in, unter und gegen sich selbst, werden ihre Bedingungen, ihr Hinterland, ihre Potenzen, freilich auch ihre Brüchigkeit und Zweideutigkeit sichtbar. Sie erfährt sich als abhängige und bedingte inmitten ihrer unhintergehbaren Unbedingtheit. Niemand bekommt sein eigenes Erfahren je ganz in den Blick oder gar in den Griff, weil dieses immer eine Randunschärfe und unauslotbare Tiefe, einen Überschuss und unabschreitbaren Horizont mit sich führt, von denen es abhängt und denen es deshalb zustimmen muss.

Von der Erfahrung des Geheimnisses zur Entscheidung

Alldem muss das Erfahren sich stellen, in die Rhythmen und Bedingungen des eigenen Erfahrens und endlich darin einwilligen, dass es sich und dem unabsehbaren Geschehen ihrer Genese ausgesetzt ist. Da bedarf es der Entscheidung. Die gleichzeitige Bejahung der Schönheit, Stimmigkeit, Wahrheit wie der Kontingenz, Brüchigkeit und Bestreitbarkeit der eigenen Erfahrung gehört zum Zentrum geschöpflicher Freiheit, ja lässt diese allererst als kreatürliche aufgehen. Endlichkeit erscheint hier nicht als dumpf zu akzeptierende, nicht als tragische Verfallenheit, sondern als Gabe, Möglichkeit, Wandlungsgang, als Sakrament, d.h. als Gefäß unsagbarer Gegenwart und als offene Parabel für neue Möglichkeiten, für die Ankunft eines Geistes und eines Wortes, die wir uns nicht selbst geben und vermitteln können.[2]

Entscheidung als Blickwende und Bekehrung

Ein solcher Weg geht nicht im luftleeren, abstrakten Raum vor sich. Vielmehr bringt er einschneidende, oft schmerzliche Brüche im Selbst- und Weltkonzept, Ein- und Zusammenbrüche nicht nur im Bereich des kategorialen Wissens und Urteilens, sondern im spontanen Wertungsvermögen wie den es tragenden Horizonten. Was ist das für ein Geist und Wort, von denen her ich und mein Erkennen und Wollen sich verstören, unterbrechen, aufrufen und zugleich neu strukturieren lassen, und sich gleichzeitig die notwendige und doch staunenswerte Ichkonstanz und Weltkohärenz inmitten der kleinen und großen Krisen je neu erbildet? Offenbar bedarf es an dieser Stelle unseres Prozesses noch einmal einer tieferen Stellungnahme, einer Entscheidung, in der über Grund und Horizont, Erde und Himmel, Wertmaßstäbe und Wirklichkeitsorientierung nicht nur aufgeklärt, sondern zugleich der Ort des Ich bestimmt wird. Da stellen sich die folgenden Fragen, denen sich das Subjekt in gelebter transzendentaler Wende stellen muss:

- Was kann und muss ich vor wem verantworten, worauf stelle ich mein Erfahren, woher nehme ich die Kriterien für mein Werten?

---

2 Ich meine, damit auf eigene Weise den Raum dessen ausgeschritten zu haben, was bei Rahner ‹transzendentale Erfahrung› heißt (Karl Rahner, Grundkurs, S. 31f.) und von ihm (ebd., S. 87) als Kreatürlichkeitserfahrung beschrieben wird.

- Worin muss ich einkehren, um mich sinnvoll zur Welt kehren zu können, ohne Verlustangst und Anbiederung?

- Verdankt sich das Gelingen von Erfahrung nicht zugleich mühseliger Arbeit und unerzwingbarer Gewähr?

- Muss ich mir die Wahrheit nicht auch gesagt sein lassen?

- Erfordert die ihr notwendige Sachlichkeit und innere Kohärenz, das Aussein auf den Konsens mit Anderen, die Anerkennung ihrer Unerschöpflichkeit nicht eine Demut und eine Hochgemutheit, die nie an der Möglichkeit von Wahrheit verzweifeln und doch wissen, dass es zu ihrem Erscheinen der äußersten eigenen Anstrengung und einer Gnade bedarf, die wir nicht herstellen, sondern lediglich erwarten und erbitten können?

- Mündet alle Erfahrung nicht in Entscheidung, Bekehrung, Gebet, in die demütige Empfänglichkeit einem Größeren gegenüber, ohne das sie gar nicht wäre?[3]

Bekehrung als Nichtung

Solche Kehre ist keineswegs harmlos. Eine Erfahrung mit, unter und gegen das Erfahren macht man nicht als Spaziergang oder in heiterer Selbstreflexion. Auch kann es nicht mit dem Gewahren der eigenen Brüchigkeit sein Bewenden haben. Vielmehr wird sie mit der eigenen Nichtigkeit, Bo-

---

3 Dazu Richard Schaeffler, *Fähigkeit zur Erfahrung. Zur transzendentalen Hermeneutik des Sprechens von Gott* (= Quaestiones Disputatae 94), Freiburg i.Br. 1982. Zum Zusammenhang von Wahrnehmen, Erkennen, Urteilen und dem Prozess der Bekehrung: Bernard Lonergan, *Il metodo in teologia*, Brescia 1985, S. 30–48; ders., *Theologie im Pluralismus heutiger Kulturen* (Quaestiones Disputatae 67), Freiburg i.Br. 1975, S. 71–140.

denlosigkeit und Ungegründetheit so konfrontiert, dass sie sich gar nicht mehr selber zu helfen und zu orientieren weiß. Da muss man sich wagen, sich entscheiden und wird sich gläubig und in Dank dem möglichen Gelingen anvertrauen müssen. Glaube und Dank, Kehre und Gelingen fallen zwar auch in die Erfahrung, sind aber mit keiner einzelnen zu identifizieren, vielmehr bewahren sie den Erfahrungsweg in seiner Frische und Aufbruchsbereitschaft.[4]

Von der Nichtung zur Indifferenz

An dieser Stelle berühren wir einen der schmerzlichsten und denkwürdigsten Punkte unserer Phänomenologie. Rückblickend müssen wir zunächst feststellen, dass alle bisher vollzogenen Schritte mit einer Umkehr der Erlebnis- und Erfahrungsqualität einhergingen. Im Doppelpass vom Erlebnis zur Erfahrung und von dieser zu Bekehrung und Entscheidung wandelte sich stets der Erlebnischarakter, die spontane Wertungs- und Gefühlsreaktion der vorigen Stufe selbst. Das leidvolle Erleben, die Entwurzelung, das Scheitern offenbart nach und nach seine positiven Potenzen, erweist sich als heilsam und verheißungsträchtig, während anfänglich positiv gestimmte Erlebnisse ihre Schatten, die Brüchigkeit und Uneinlösbarkeit ihrer Versprechen sowie die Härte der Verpflichtung offenbaren. Der Weg führt also gerade in die Freiheit von der Erfahrung, von der Fixierung auf bestimmte Erfüllungen und Erlebnisgehalte, hin zur Verfügbarkeit und Gastfreiheit allem gegenüber, was sich einer so objektiv gewordenen Freiheit zuschicken mag.[5]

---

4   So wird unser Leitbegriff bei E. Jüngel variiert und dramatisch gesteigert: *Gott als Geheimnis der Welt*, Tübingen 1977, S. 40ff., 225f., 244ff., 381.

5   Diesen Weg zur Indifferenz mittels des Umschlags in der Gnadenerfahrung wie zum Willen Gottes in der Wahl hat Rahner oft nachgezeich-

Von der Indifferenz zur gastfreien Aufmerksamkeit

An dieser Stelle geschieht eine doppelte Wende. Muss das Ich sich zunächst immer tiefer ins Innen beugen, sich und der eigenen Bedingtheit selbstkritisch und selbstempfänglich standhalten, so verweilt es doch nicht in selbstgenüsslichem und zerquältem Grübeln, sondern wendet sich zugleich offener, gastfreundlicher dem Außen, der Vielfalt der Welt zu. Das gehört zum Wesen eines erfahrenen Menschen, der überall Spuren der Gabe, des Guten, des Denk- und Liebenswürdigen zu entdecken weiß. Er ist gastfreundlich, freigiebig und weiß sich selbst als Gast, als gefreit, begabt, aufgenommen. Dazu ist nicht nur Selbstbesinnung nötig, sondern ein Hören auf die Tradition, auf Texte, die den Weg der Erfahrung erschließen und entschlüsseln. Der Geist bleibt nicht in dürrer Blässe, sondern muss Buchstabe, Wort, Anruf werden, ihm müssen Auge und Ohr für Geschichten, Texte, Begegnungen geöffnet werden, erst an und mit ihnen erfährt er sich selbst. Das Zeugnis der Geschichte, Begegnung und Selbsterfahrung gehen Hand in Hand, erhellen sich gegenseitig und miteinander.[6]

Von der Gastfreiheit zur Entfremdung im Wort

Dieses Miteinander ist nicht friedlich-schiedlich. Vielmehr kommen mir aus der Tradition, den biblischen und kirchlichen Zeugnissen, Worte, Gebärden, Botschaften, Indikative und Imperative entgegen, die alles bisherige Selbstverste-

---

net: Karl Rahner, *Schriften zur Theologie* III, S. 105ff.; VII, S. 11-76; IX, S. 161ff.; X, S. 133ff., 405ff.; XII, S. 204ff.; XIII, S. 227f., 239ff. (mit dem Gesamtkontext 207 251), XV, S. 133ff., 298-325. *Grundkurs*, S. 388ff.

6   Schaeffler betont besonders die Angewiesenheit einer Erfahrung, die sich selbst recht verstehen will, auf die Texte der Tradition: Richard Schaeffler,

hen unterbrechen, mich mit mir konfrontieren, mich in einem anderen, oft wenig anziehenden Licht erscheinen lassen. Jede Bekehrung, die bislang eher organisch als Weg der Selbsterhellung und -begehung menschlicher Erfahrung erschien, stellt das Ich vor seine Unmöglich- und Unhaltbarkeit. Das Wort, der Andere, das Zeugnis werden zum Gericht über mich, meine Enge, meine Fixierungen, meine Flüchtigkeit. Die Tradition mag da wie ein Skalpiermesser oder eine chemische Substanz wirken, der eigene Leib, die Seele als Laboratorium, in dem sich Wandlungsvorgänge unerhörter Art vollziehen. Nur so wird das Subjekt über sich hinausgeführt. Der noch so bildsame, der Gestalt sich hingebende Blick, die noch so folgsame und bereite Bekehrung, sie müssen ihrer selbst entbildet, entrückt werden, damit sie ihrer wirklichen Gründe und Bedingungen innewerden können. Nur wenn man sich das Wort, das Neue gesagt sein lässt, gegen allen Augenschein auf die Gegenwart des Geistes und Gottes setzt, alles in ihrem Raum eingeborgen und ausgesetzt, vom Glauben vernichtet und aufgerichtet weiß, nur dann bleibt die Erfahrung frisch, wird sie nicht ranzig und selbstgenügsam. Glaube, Wort und Geist können sich also mit jeder Erfahrung verbinden, sich an sie heften und sind doch mit keiner, auch nicht der des Trostes oder der Freiheit, einfach identisch. Christliche Erfahrung ist nie einfach bei sich zu Hause, kann sich nicht konservieren, auf sich berufen, sondern ist stets auch Ruf ins Exil, in

---

Fähigkeit zur Erfahrung, S. 80ff.; *Erfahrung als Dialog*, S. 471ff.; mit besonderem Pathos hat Blondel auf die Notwendigkeit der Beugung des Geistes in den Buchstaben hinein hingewiesen: Maurice Blondel, L'Action (1893), S. 405-423. Eine umfassende Darstellung zur Gastlichkeit und ihren Fährnissen, die auch das Befremdliche und Feindselige des Verhältnisses berücksichtigt, vgl. Hans-Dieter Bahr, *Die Sprache des Gastes. Eine Metaethik*, Leipzig 1994.

die Ferne von ihr selbst, an einen Ort, wohin sie selbst nie freiwillig gegangen wäre.[7]

An dieser Stelle berühren wir einen der seltsamsten und schmerzlichsten Punkte des Christentums. Gegen eine immense, unübersehbare Versuchungsgeschichte, die den Glauben mit bestimmten sozialen oder kollektiven Erfahrungen gleichzusetzen trachtete (man denke an aszetische Lebensformen oder mystische Erleuchtungen, an Erfahrungen von Befreiung, institutionsfreier Gläubigkeit und Erlöstheit, Ungebundenheit und Armut), hat die Kirche immer an deren Unterscheidung, man möchte fast sagen, gnadenlos festgehalten. Gegen die Schwärmer in Korinth, gegen Montanisten, Messalianer, Katharer, Spiritualen wie jüngst gegen die Theologie der Befreiung oder Drewermann, immer hat sie der Identifizierung des Glaubens mit bestimmten Zuständen und Befindlichkeiten des Gemütes wie der Gesellschaft gewehrt, um seiner Transzendenz, Objektivität und freien Zugänglichkeit für alle willen – und endlich, um dem größeren Gott und der Gesamtheit der Welt und ihrer Erfahrungen den Platz freizuhalten, damit alles von ihm her gewandelt und ertragen werden möchte. Schwer zu sagen, ob der Kaufpreis für diese Option nicht doch zu hoch war: Wieviel an furchtbarem Leiden, wieviel Verlust an Glaubensdichte und -präsenz! Und doch: Was wäre geschehen, wenn das Christentum in einer seiner Intensivformen aufgegangen wäre?

Von der Entfremdung zur offenen Parabel

Erfahrung läuft demnach auf eine unmögliche und stets erhoffte und antizipierte Erfüllung vor und in ihre eigenen

---

7 Dazu die Logik bei Hans Urs v. Balthasar, *Herrlichkeit I*, Einsiedeln 1960 und Eberhard Jüngel, *Gott als Geheimnis der Welt*, S. 225f.

unvordenklichen Bedingungen zurück, ist sich proto- und eschatologisch entzogen, offener Wettlauf auf die Konvergenz von Subjekt und Welt, Wollen und Wirklichkeit, Ideal und Leben, der verschiedenen Ansichten der Wahrheit hin. Jede Gegenwart steht unter einem Anspruch, einer Gewähr und Verheißung, wie sie sich vor allem in den Parabeln Jesu kundtun und auslegen, in denen Gott und sein Reich, sein Wort und Geist als erste und letzte Realität dem menschlichen Gemüt eingebildet werden. Wenn der Hörer sich von der Dynamik der Gleichnisse ergreifen und mitnehmen lässt, sich der eigenen Verhaftet- und Verlorenheit bewusst wird, dann kommt seine Selbst- und Welterfahrung zu ihrer Kehrseite. Es entzündet sich an ihnen und über das hinaus, was er sich je hätte träumen lassen, eine Möglichkeit der Gottwahrnehmung, der Wandlung des Herzens, seiner Wertmaßstäbe und -horizonte. Die Gotterfahrung ist eine Erfahrung mit der Welterfahrung, es ist, als ob sie einander brauchten, um in ihre jeweilige Wahrheit zu gelangen.[8]

Die offene Parabel als Lebensort des Menschen: das Gewissen

Der hier beschriebene Prozess von Erfahrung, Kehre, Entscheidung und Eröffnung der Transzendenz inmitten der Selbstwahrnehmung des Geistes und der menschlichen Lebensparabel vollzieht sich im Gewissen. Genauer müsste man sagen: Er ist selbst die Struktur, das Leben des Gewissens. Die freie Annahme des eigenen Geschicks, das Ausleben aller Schichten und Implikationen der Erfahrung, das vertrauende Wartenlassen der Unverfügbarkeit des eigenen Daseins in Gehorsam, Stille und Gebet, die Einwilligung in Krise und Kehre, in alldem ersteht und bildet sich das Gewissen als der

---

8   Hans Weder, *Neutestamentliche Hermeneutik*, Zürich 1989, S. 188ff., 204-208, 223.

Ort korreflexiver Gegenwart von Mensch und Gott inmitten der Welt. In ihm wird sich der Mensch seiner selbst bewusst, weiß sich, der Welt und seinem Gott zu antworten, und endlich widerfährt er sich als Gabe, als Wort, das von Gott her an ihn gerichtet ist, als sich zugemutete Last, also als Parabel, Gleichnis, Ort, in dem Gott sich selbst dem Menschen zudenkt, zusagt, zumutet. Ein Erfahrungsweg, der sich christlich verstehen lernt, mündet in den Gedanken, mehr noch die vernommene Wirklichkeit und Wahrheit der Erwählung. Damit freilich kehrt sich unsere Phänomenologie der Erfahrung noch einmal um, sie muss in ihrem Ernst und ihrer Leichtigkeit neu gesichtet und bedacht werden.[9]

Das Gewissen als Bewusstsein des Erwähltseins

Wir sind an einer weiteren, wohl der entscheidenden Wende angelangt, einer Wende, die in dogmatischer Sicht das Wesen des Gewissens ausmacht, ja ist: Sich als Zuwendung Gottes, als Ort seiner Ankunft, als Scheitelpunkt einer Parabel zu verstehen, von dem aus sich der Mensch Gott so eröffnet, dass er sich zugleich als Kelch und Gefäß des Unendlichen, als vom ihm gewollt und angegangen weiß. Freilich, gerade eine solche Erwählung bleibt dem Erfahren, dem Gewissen nicht äußerlich, sondern muss neu eben Erfahrung, Wissen um die eigene Existenz werden und diese zugleich dimensional verändern, verorten, öffnen Wir stellen uns deshalb im zweiten Teil unserer Phänomenologie der Erfahrung mit der Erfahrung einer doppelten Frage: Was lässt im Gewissen den Gedanken der Erwählung reifen und wie spiegelt sich

---

9   Karl Rahner, *Grundkurs*, S. 63f.; Richard Schaeffler, *Erfahrung als Dialog*, S. 376–413; sowie Klaus Demmer, *Gottes Anspruch denken. Die Gottesfrage in der Moraltheologie* (= Studien zur Theologischen Ethik 50), Freiburg i.Ue./Freiburg i.Br. 1993, S. 23f., 38f., 73ff., 95f.

das Wissen um das Erwähltsein im Bewusstsein des Menschen? Oder anders gesagt: Welche Erfahrungen garantieren die Wahrheit, Lebbarkeit, Authentizität menschlicher Freiheit und göttlicher Erwählung wie ihres unlösbaren Zueinanders? Die Prädestination, Berufung, Wahl seitens Gottes kann ja vom und im Menschen nur in Form eines transzendentalen Existentials, also als Bedingung des freiheitlichen, reflektierten und sich darin anheimgebenden Selbstvollzugs verwirklicht und verstanden werden. Nur so ist der Glaube kein dunkles Dogma, das den Menschen der Willkür und Laune des Gottes, seinen unbegreiflichen Ratschlüssen auslieferte oder gar über die Zahl der Erwählten und Verworfenen spekulierte. Umgekehrt kommt unser Weg in die Gesetze von Erfahrung erst an dieser Stelle und in diesem Gedanken an sein Ziel, findet erst hier zu seinem Sinn, zum Kern der ernötigten und gefreiten Freiheit, die den ganzen Prozess und seine Interpretation trug.

Von der Erwählung zur ‹Erfahrung mit der Erfahrung›

Welche Erfahrungen setzt der Gedanke und die Wirklichkeit der Berufung voraus und frei? Wie wandelt sich das Erfahren durch den Glauben an die Erwählung und die von ihr erforderte und ermöglichte neue Deutung von Leben? Dazu sollen im Folgenden einige Rhythmen menschlicher Erfahrung so erinnert werden, dass diese als Symbol und menschlicher Widerpart der Berufung aufgeht.

Absolutheit des Selbst. Ein jeder wird sich im Ursprung seiner Freiheit als absolut, gewollt, notwendig, als Zentrum seiner Welt, als liebenswert erfahren. Er muss sich leiden mögen, die Welt von sich her ordnen und auf sich hin lesen. Jeder ist Zentralperspektive und Horizont seiner Weltanschauung, einmalig, unwiederholbar, sich an- und zugetraut, ontologisch einsam. Er kann, darf und muss von sich her und auf sich hin existieren.

Relativität des Selbst. Jeder wird sich als absolut relativ erfahren, bezogen auf die anderen, die Welt, auf unabsehbare Horizonte hin. Niemand ist endgültig definiert, restlos autark, in seiner Absolutheit eingeschlossen, vielmehr an der Wurzel seiner Freiheit Verweis auf andere Freiheit, von der her er sich entgegennehmen kann, darf und muss.

Notwendigkeit der freien Selbstwahl. Dieser zweieine Auftakt des und im Selbst ist die Urspannung, in der Freiheit und Gewissen leben. Der Mensch als heteronome Autonomie weiß sich als fixiert, verortet, bestimmt und kann, darf und muss sich zugleich noch wählen, definieren, zu seinem Ursprung und zu anderer Freiheit verhalten und sich so an sich selbst versuchen und (daran) übernehmen. Wir sind zum Schwindel solcher Freiheit, solcher Selbstwahl und -bestimmung begnadet und verurteilt.

Bestimmung zum Wir. So monadologisch jeder verfasst ist, so sehr ist er im Grunde seines Gewissens Urverbundenheit mit den anderen, entscheidet er sich zu sich selbst im Angesichte von Umständen und Menschen, existiert nur als und im Dialog. Wir leben dank der anderen und für sie, auf sie hin, sind als Teil einer Gesellschaft, als und in Wechselseitigkeit und Einander gewollt. Jeder ist Monade und doch nur Teil, ganz als Er und im Raum des Wir gemeint. Da zeichnet sich am Horizont schon die Konkurrenz zwischen den Erwählten ab: In jedem ist das All ganz und ungeteilt präsent, in Esau und Jakob, Petrus und Paulus, Juden und Christen, und doch existieren sie nur als Verweis, als Symbol, als Glied eines größeren Zusammenhangs. Wer könnte das leben, einer solchen Lage kongenial entsprechen?

Freiheit als Repräsentanz und Antwort. Jedermann bezeugt und vergegenwärtigt eine immense Traditionsgeschichte, mehr noch, er repräsentiert den Ursprung seiner Bestimmung, seiner Freiheit und zugleich kann, darf und muss er diese verantworten, also sich selbst, der Welt, seiner Bestimmung entsprechen. Verantwortung ist nicht primär ein moralisches Gebot, sondern Können, Würde, Vermögen der Freiheit selbst. Jeder weiß sich ‹als› er selbst, als Teil einer Geschichte und Gesellschaft, als Träger und Beauftragter eines Lebenssinns und einer Biographie, die ihm bestimmt sind und die er doch noch ganz ausschreiten und bezeugen soll. Die Freiheit lebt in und von dem Freiraum des ‹als›, das einen Jeden als Symbol seiner Bestimmung, als Provisorium und Vorlauf auf sich hin, als Person und Maske, als Rolle und Geschick, als Autor, Regisseur, Schauspieler und Zuschauer seiner selbst auf der Weltbühne erscheinen lässt und ihm doch den endgültigen Einblick in das Rollenbuch und den Überblick über das Gesamtpanorama des eigenen Lebens und seiner Zusammenhänge versagt. Der Mensch ist, je mehr er sich begreift, desto stärker auf ein Losungs- und Stichwort, ein Gericht verwiesen, das ihm seine Wahrheit zuspräche und anwiese.

Freiheit als Gabe und Zumutung. In alldem wird der Mensch es lernen müssen, sich als sich zugedachte Gabe, als Lehensgut, als sich auferlegte Zumutung und sich zugesprochenes Wort, als Botschaft an sich selbst zu betrachten. Er ist die sich selbst zustoßende Neuheit, die Überraschung, das Geschick, Ruf an sich selbst. Und er wird ein ganzes Leben brauchen, um sich zu erkennen, das eigene Wesen zu entziffern und zu übernehmen.

Freiheit als Ruf und Berufung. Leben erscheint hier als Berufungsverhandlung, als stets neu aufgerollter Prozess, als Interpretations- und Rechtfertigungsgeschehen. Jeder muss hören lernen, wozu er gemacht sein könnte, einstimmen in das, wozu er gerufen und bestimmt ist, und doch den Stil, die Gebärden seiner inkarnierten Freiheit erst noch erfinden und entwickeln. Und je mehr er sich einfindet in die ihm aufgetragene und mögliche Gestalt, desto intensiver wird er spüren, dass er bei aller Stimmigkeit seines Lebens noch nicht er selbst und schon gar nicht eine absolute Persönlichkeit ist, sondern Verweis auf ein Gesetz und eine Gnade, die sich in ihm ausgeformt haben. Jeder ist Zeugnis für diese, darf, kann und muss sagen: Ja, ich bin es und im selben Augenblick: Ich bin es nicht, sondern da ist ein Größerer ...

Gescheiterte Freiheit und Freiheit zum Scheitern. Niemand wird je alle Dimensionen, Räume und Zumutungen gelebter Freiheit und Erfahrung realisieren und ausschreiten können. Zwischen dem, was der Mensch kann, darf und muss, zwischen Rolle und Person, Einsatz und Gnade, Absolutheit und Relativität, Bestimmung und Inkarnation werden stets Brüche und Widersprüche bleiben. Es scheint fast unmöglich, dem Leben gerecht zu werden. Und deshalb kann sich niemand endgültig rechtfertigen. Wir sind zum Scheitern bestimmt und verurteilt, bleiben Schuldner, uns selbst wie der Her- und Zukunft unserer Freiheit gegenüber. Es ist gar, als ob es im Zentrum unseres Wollens Widerspruch und Auflehnung, eine Art von geologischer Verwerfung gäbe, sich der auf Gott gerichtete Wesens- und Ewigkeitswille am konkreten Wunsch, an jeder zeitlichen Verwirklichungs- und Erwirkungsform riebe, beide einander behinderten und verwürfen.[10] Der Mensch kann oft weder sich noch Gott ertragen, fällt sich, dem anderen und dem Logos ins Wort, endet

---

10 Zur Dialektik des Willens bei Thomas und Nietzsche vgl. die scharfsinnigen Ausführungen bei Bernhard Welte, *Auf der Spur des Ewigen*, Freiburg i.Br. 1965, S.170ff., 246f.

als ständiger Selbstwiderspruch. Er kann sich selbst nicht helfen, ja vergräbt sich gern in sein wunschloses Unglück, das ihm allein Schutz und Sicherheit vor den Ansprüchen seiner Freiheit zu bieten scheint. Ist er da nicht auf heilende Hilfe, ein Wort der Vergebung, auf Blick und Zuspruch von außen, von fernher angewiesen, von denen her allein die Fäden seines Daseins sich ordneten und zu einem Sinnbild fügten?

Freiheit zum Gebet. Eine Freiheit, die sich so zu deuten und gestalten lernt, kann, darf und muss ihr Geschick preisen, findet sich und ihre Vollendung in der Doxologie, im Lobpreis, in der Zustimmung zum Sein. Gleichzeitig wird sie zur Klage ob der auf ihr lastenden Nähe und der bleibenden rätselhaften Ferne ihres Ursprungs und ihrer Berufung, um endlich in der confessio laudis, peccati et veritatis die wirklichen Proportionen von Sein und Freiheit zu vermessen und einzubekennen. Erst hier gewinnen Leben und Erfahrung ihre Fassung, können Gnade und Schuld, Verantwortung und Vorgabe von Freiheit ins Wort gefasst und damit verstanden und verantwortet werden. Gebet ist jene Sprachgebärde, in welcher der Mensch seinen Erfahrungsweg zu reflektieren und auszudrücken vermag und sich so aufgehoben weiß, dass er zu weiterem Gehen ermutigt wird. Erst hier vollendet und inkarniert sich die ‹Erfahrung mit der Erfahrung›, weil sie Abstand von sich selbst gewinnt, sich von außen her sieht und zugesprochen weiß. Das Gebet ist gleichsam eine gelebte und geerdete transzendentale Phänomenologie, in und an ihm werden die Bedingungen der Erfahrung sichtbar und thematisch. Erst von ihm her und in ihm kann, darf und muss man von Berufung und Erwählung sprechen, erst in ihm verfugt sich ihr Mitsammen.[11]

---

11 Eine Verbindung von Gebetslehre und theologischer Ableitung des Gottesgedankens habe ich vorgelegt in: Elmar Salmann, *Neuzeit und Offen-*

Vom Gebet zum Ruf. Ohne die zuletzt versuchte transzendentale Phänomenologie einer zu sich bestimmten Freiheit schien mir die Auslegung des Gewissens, der Erfahrung mit der Erfahrung unvollständig. Sie hingen gleichsam in der Luft. Umgekehrt verlöre der Glaube an Gnade und Erwählung seinen geschichtlichen Ort, wenn er nicht in die Erfahrung selbst einginge und sie strukturierte. Es bleibt nun noch zu fragen, woher ein solcher Ruf ergeht, woher wir uns zugedacht und zugetraut sind, wie ein solcher Gott, der das Recht hätte, Urgrund und Garant unserer Freiheit zu sein, sich in ihr auszulegen und zu offenbaren, an sich selbst bestimmt sein müsste.

Vom Ruf zum inkarnierten Logos

Dem Christen wird die Gestalt Jesu als Ikone gelebter Freiheit, also eines Menschen erscheinen, der dem an ihn ergangenen Ruf voll entsprochen hat. In ihm ist die Einheit von Selbstsein (man denke an das absolute ‹Ich bin›) und völliger Bezogenheit auf den Willen des Vaters, von Person und Sendung, von Können, Dürfen und Müssen, Repräsentanz und Eigenheit, Menschensohn und Gottessohn, Zugewandtheit den Menschen gegenüber und einer Existenz in Lob und Gebet gelungen und offenbar. In seiner Gestalt erscheint gleichsam die Logik der Einheit von Erwählung und Freiheit, der Zuordnung und Einstimmung von Gott und Mensch: Der Ruf Gottes ist selber konkrete Freiheit geworden, ihm kongeniale Antwort in Menschengestalt. In Ihm erblicken wir das versöhnte Mitsammen von Erwählung und Entsprechung, gleichsam das Urgewissen in Person. Freilich wird auch das Abgründige eines solchen Erfahrungsweges,

barung. *Studien zur trinitarischen Analogik des Christentums* (= Studia Anselmiana 94), Rom 1986, S. 215ff.

102

der sich ungeschützt seiner protologischen Herkunft und eschatologischen Zukunft in Gott stellt, sichtbar. Der Mensch findet seine Freiheit, so lehrt uns unser Weg wie der Blick auf die Gestalt Jesu, nur, so er sich enteignen und objektivieren lässt, von sich absehen lernt. Solche Versagung scheint unzumutbar. Deshalb ist der Logos, gerade weil er nichts schuldig bleibt, den Menschen unverständlich, ja widerwärtig; an ihm können und müssen sie ihre Schuldigkeit, ihr Scheitern in Selbst- und Gott-Verfehlung wie im Gegenbild ablesen. Den Prozess, den sie gegen ihn anstrengen, haben sie schon verloren; und sie können ihn nur gegen alle Hoffnung gewinnen, wenn sie sich von ihrer Schuld und vom neuen Ruf, der an sie ergeht, überzeugen lassen. Erst im ungeheuren Erfahrungsbruch, der sich mit dem Pascha Christi verbindet, und der von ihm her ermöglichten neuen Erfahrung mit allen bisherigen Erfahrungen der Gnade und der Schuld, kann dem Menschen die eigene Geschichte als Ort der Offenbarung eines erwählenden und gnädigen Gottes aufgehen und damit die eigene Freiheit als von ihm her ermöglichte und begründete.

Vom Logos zum dreifaltigen Gott

Ein solcher Gott, der sich in der Erfahrung Jesu und der von ihm her erneuerten Freiheit spiegelt, kann in sich nur ernstes Spiel von Freiheit und Notwendigkeit, Wort und Antwort, also trinitarisch sein. Von ihm her versteht sich der Mensch als Sohn, als korrespondierende Freiheit, als zur Vaterschaft, zur Bezeugung neuen Lebens und zur Mehrung und Erbauung von Freiheit berufen, dazu, im Geist des Gebetes und in der Einheit mit den anderen zu verharren und endlich die eigene Lebensgeschichte aus dem Blickwinkel der Offenbarung und die Offenbarung von der eigenen Lebensgeschichte her zu lesen und zu gestalten.

Von der Offenbarung zur Lebenserfahrung

Von Gestalt und Geschick Jesu und der Offenbarung des dreifaltigen Gottes aus werden die Grundrhythmen einer Biographie und der Sinn religiös-sittlicher Erfahrung noch einmal deutlich. Der Mensch findet sich nur, indem er sich im Kern seiner Freiheit enteignet weiß und so über sich verfügen lässt, einem Auftrag dient. Dieser freilich entfremdet ihn nicht schwärmerisch seiner Eigenheit, sondern lässt diese allererst hervortreten, ihre unverwechselbare Kontur gewinnen. Darin wird er öfter an die Grenze seiner Möglichkeiten und Einsichten geführt und so erfahren, dass alles Gelingen, ja die Freiheit selbst nur als sich je neu wiedergeschenkte existieren. Und endlich appellieren alle genannten Erfahrungen an die Hoffnung auf eine Instanz und ein Gericht, in welchem die disparaten Momente, Akte und Fraktionen des eigenen Ich wie der Welt in der Vielfalt ihrer Verstrebungen und die Partialgeschichten von Individuen und Überlieferungsgemeinschaften versammelt und einander versöhnt finden möchten und das Geschehen von Trinität, Inkarnation, Kreuz, Gnade und Berufung als Matrix und Schlüsselwort jeglicher Erfahrung und Reflexion erschiene.[12]

---

12 Vgl. Richard Schaeffler, *Erfahrung als Dialog*, S. 749ff. Wenn auch in anderem Stil und Duktus, habe ich mich in vieler Hinsicht an Aufbau und Grundgedanken des letzten Buches von Klaus Demmer gehalten, in dem sich stets trinitätstheologische Ableitung und Phänomenologie mit Einsichten der Gotteslehre und Christologie kreuzen: Klaus Demmer, *Gottes Anspruch denken*, S. 129ff., 166ff.

Gezeitigte Freiheit – Gefreite Zeit

Erwägungen zur menschlichen ‹Mythobiographie›

„Tageswesen! Was aber ist einer? Was aber ist einer nicht? Eines Schattens Traum ist der Mensch." So Pindar in der 8. Pythie, einem Gebet an Apollon um die Gabe, den rechten Ton zu treffen, damit vom Geschick von Sieger und Besiegten die wahre Kunde gehe, denn „nicht wissen wir, wie ein jegliches an sein Ende herausführen wird der Gott." Und, intimer, ins Subjektive gewendet, spricht sich am Ende des Bogens einstiger Geistigkeit, Hofmannsthal in den Terzinen über die Vergänglichkeit aus:

Noch spür ich ihren Atem auf den Wangen:
Wie kann das sein, dass diese nahen Tage
fort sind, für immer fort, und ganz vergangen?

Dies ist ein Ding, das keiner voll aussinnt,
und viel zu grauenvoll, als dass man klage:
dass alles gleitet und vorüberrinnt.

Und dass mein eignes Ich, durch nichts gehemmt,
herüberglitt aus einem kleinen Kind
mir wie ein Hund unheimlich stumm und fremd.

Merkwürdig, dass inmitten dieser Melancholie, der alles entgleitet, eine ebenso mächtige Tradition des Rühmens, des Preisens von gottgegebenem Geschick und Souveränität des Menschen entstehen konnte; von Pindar und den Psalmen über Hölderlin bis Rilke und Hofmannsthal war da eine Kraft der Verwandlung und des Aufblicks, die wusste, dass nur im Raum der Rühmung die Klage gehen darf. Beide, Lob und Einklage, wissen, dass der Mensch mit sich selbst überschenkt, überfordert ist, weshalb er sich immer neu erzählen und erbilden muss:

Ganz vergessener Völker Müdigkeiten
kann ich nicht abtun von meinen Lidern,
durcheinander spielt sie alle das Dasein,
und mein Teil ist mehr als dieses Lebens
schlanke Flamme oder schmale Leier

(Hofmannsthal, *Manche freilich*).

Da stehen wir wie von selbst in der Frageperspektive unseres kleinen Beitrags: wie wandeln sich Zeit in Geschichte, verrinnende Tage in Biographie, in einen Gestus der Freiheit – und wie zeitigt sich Freiheit, lässt sie sich auf und in Zeit und Vergänglichkeit ein? Und endlich, wie entsteht aus beider Hochzeit so etwas wie Sinn, gar Wahrheit und Wandel eines Lebens, jener Richtungssinn, der die Biographie eines jeden zum kleinen Mythos, zu einer nur ihm zugedachten und von ihm aufzuführenden Tragikomödie werden lässt? Vielleicht ist der Kairos gekommen, in dem, wenn auch nicht ein neues ‹Sein und Zeit›, so doch ein ‹Zeit und Sinn› zu schreiben wäre, ganz in der Linie von Kant über Hegel, Fichte bis hin zu Husserl, Heidegger, Rosenzweig und Lévinas, die Carlo Huber als Zeugen für seine Phänomenologie der Selbstkonstitution der Wirklichkeit von Subjekt und Welt aufruft. Seinen Versuch aufnehmend, wollen wir einfach eine behutsame Beschreibung der Erbildungsgeschichte menschlicher Freiheit geben und sie bis zu einem Punkt führen, wo sie an die *memoria Dei* rührt, Gottes so eingedenk ist, dass sie selbst sich in seinem Gedächtnis bewahrt weiß. Oder anders gesagt: wie können wir die Zeit so freien, dass sich unsere Freiheit auszeitigen, wahrnehmen, begehen, erinnern und erzählen kann und darin zugleich so zu sich kommt, dass sie sich zu empfangen und anheimzugeben vermag? Dazu seien im Folgenden einige phänomenologisch-mystagogische Schritte getan, die uns in Vollzug und Geheimnis des Mitsammen von Freiheit und Zeit einweisen möchten.

Erlittene Passivität und Freiheit als Passion

Wir werden (uns selbst) geboren, erleiden das Erstehen, Vergehen, Sich-Verändern der Zeiten, die uns durchströmen und fortspülen – und wir wissen zumeist kaum wie ... Leben widerfährt uns, Kindsein, Schule, Pubertät, selbst (bei aller Bewusstheit) Partner- oder Berufswahl, erst recht Erfolg, Scheitern und Altern. Wir sind der Anfänge und Beschlüsse nicht mächtig; alles ist immer anders, als wir gedacht hatten, zu dicht sind Zeugung und Ausstoßung einander auf den Fersen. Schon bei der Geburt wissen wir nicht, ob sie Vertreibung aus dem Paradies oder Durchstoß zur Freiheit bedeutet; und der Schrei, mit dem wir das Dasein begrüßen, weiß, von der biologischen Notwendigkeit einmal abgesehen, von Klage und Jubel. Wandel, Größe, Chance und Verhängnis von Zeit erleiden und sehend auf sich nehmen zu müssen und zu können, ist der erste Keim möglicher Freiheit. Je mehr wir uns als bedingt, als Kreatur (an)erkennen, desto intensiver erwächst daraus die Möglichkeit sinnvoller Abnabelung und ‹Emanzipation›, eines Selbstverständnisses, das sich nicht nur zu sich, sondern zuvor, darin und darüber hinaus zu seinen Ursprüngen verhält, die sich als Risse und Stigmata auch in das Antlitz und Herz eines jeden Menschen einzeichnen. Jeder Tag kann und soll somit entgegengenommen und verabschiedet, in andere Hände gelegt werden, da er uns nur als Lehensgabe auf Zeit gestundet und zugeeignet ist.

Passion als Vorgabe, lesen zu lernen, als gewährte Möglichkeit der Bewährung, Freiheit als Leidenschaft zu sich selbst,
die erlitten und erkämpft werden muss, das ist ihr erster
Aufgang; denn so verschieden die Rollen im Lebensspiel
verteilt sein mögen, so ist doch jeder Rudergänger und Steu-
ermann, Schauspieler und Zuschauer, Arbeiter und Freier
bei und vor sich selbst.

Manche freilich müssen drunten sterben,
wo die schweren Ruder der Schiffe streifen,
andre wohnen bei dem Steuer droben,
kennen Vogelflug und die Länder der Sterne.

... Doch ein Schatten fällt von jenen Leben
in die anderen Leben hinüber,
und die leichten sind an die schweren
wie an Luft und Erde gebunden ...

Freiheit als Selbstüberwindung und Auftakt

Und doch muss angefangen werden. Inmitten so großer
Trägheit und Langeweile etwas mit sich, der Welt, dem
Fremden und Gott anfangen zu können und zu müssen, das
eigene Schwergewicht und Gähnen zu überwinden, das unendliche Reich leerer Möglichkeiten zu überholen auf den
Anfang im Jetzt hin und in den gegebenen, und zu nutzen-
den, Kairos zu wandeln, darin ergreift die Freiheit gleichsam
sich selbst, erwischt sich am Rockzipfel ihrer Potentialität,
zieht sich aus dem Sumpf ihres dumpfen Brütens. Sie beginnt, mit sich selbst anzufangen, zu spielen, initiiert sich
zu der ihr zugedachten und nur von ihr wahrzunehmen-
den Chance, ist intransitiv (selbstverwindend) und transitiv,
welterobernd und produktiv zugleich. Damit ist keine beliebige Initiative und Aktivität gemeint, sondern der Sprung in

das hier und jetzt Nötige und Mögliche, wo Indikativ und Imperativ zusammenfallen, Gnade, Gebot und Freiheit.

Fatalerweise setzt dabei Freiheit immer schon sich selbst voraus. Man muss schon für sich frei und bereit sein. Dem Depressiven und Hysteriker etwa ist nach Kierkegaard alles zugleich (un)möglich, immer nur Anlass zur Regression oder zur Flucht, weil nichts (oder alles) ihn anspricht. Im Anfangen-können *(possest)* hingegen findet eine Freiheitspotenz zu dem ihr gemäßen Gegenüber, erwirkt sich ihren Weltzusammenhang. Der Mensch findet den Mut, Leben zu bezeugen, wird Vater/Schöpfer seiner selbst und seiner Partikel von Wirklichkeit. Und zugleich entsteht so ein Zeit-Sinn für die Zeitdifferenz zwischen mir (vor dem Sprung, der Tat) und mir (als Täter und Ergebnis), mir und dir, mir und der Welt. Zeit entsteht mit dem Sinn des Tuns, und Sinn ergibt sich aus der Zeitigung der Freiheit, die mit ich und der Welt (etwas) anfangen kann.

Freiheit als Antwortmächtigkeit

Freiheit zeugt sich Freiheit nicht allein aus eigener Schwungkraft, sondern bedarf des Anrufs, dem sie entsprechen können muss. Den anderen, der mich angeht, zu reflektieren und ihm angemessen so zu antworten, dass seine Welt- und Selbstfreiheit gefördert werden, dieses Ineinanderspiel verschiedener Zeiten führt zur Geburt einer responsorischen Freiheit, die so erst ihren Ort und ihr Gesicht gewinnt. In solcher Freiheit ist der Mensch auf der Höhe seiner selbst, des anderen, der gemeinsamen Welt und Sprache, und darin erschließt sich zugleich jener metakommunikative Raum, in welchem der Dialog als Gebot und Gabe erscheint. Leben als Entsprechungsvermögen bedeutet mehr als eine moralische Verantwortlichkeit, als eine beliebige und zugleich

alle überfordernde Offenheit für alle, sondern ist die Fähigkeit, geistesgegenwärtig, präsenzpflichtig und gastfrei auf
den jeweiligen Anspruch, der an mich ergeht, zu reagieren.
Darin weiß der Mensch sich als Sohn und Wider-Wort, als
Geisel und Herr (in) seiner jeweiligen Zeit.

Freiheit als und aus Entscheidung

Der Anruf führt zu einer neuen und intensiven Form des
Anfangs. Wir können und müssen uns zu uns selbst und der
uns gemäßen Welt ent- und deshalb die Geister unterscheiden, etliches verabschieden und abschneiden. Inkarnation
bedeutet unwiderruflich und behaftbar Konkretion, Selbstdefinition, Trennung von Optionen, Möglichkeiten, Welten,
von denen ich künftig nur den kleinsten Teil werde ausschreiten und auszeitigen können. Meine Zeit gebiert sich
durch diesen ‹Kaiserschnitt›, in dem mein Leben zu seiner
Eigenform findet, sich von allen anderen abgrenzt. Ich werde mir und den anderen eben zum anderen, er-finde meinen
Rhythmus von Gegenwart. Im Anfangen, Antworten und
Entscheiden geschieht Inkarnation und Gegenwart so, dass
erst jetzt die mir gemäße Vergangenheit und Zukunft aufscheint und ein Gesicht gewinnt. Ich beginne, mir und den
anderen meine Geschichte zu erzählen, mir meinen Hintergrund zu schaffen, von dem ich auf verlässliche Weise etwas
darstellen und verheißen kann. Erst in der Inkarnation des
Sohn-Logos wird der göttliche Ursprung deutlich und entwirft sich einen Horizont der Erinnerung, Vergebung und
Hoffnung, kann rück- und vorwirkend etwas verheißen und
versprochen werden. Freiheit ist solche Kraft der Neudefini-
tion von Vergangenheit, Gegenwart und Zukunft aus dem
Mut der Entscheidung und Fleischwerdung.

Freiheit als Handeln

Der so Entschiedene wird wirkmächtig sein, sich in seinem Tun und Lassen vergegenwärtigen. Handeln ist mehr als Arbeiten und Herstellen, es ist vollmächtiges Dasein in Wort und Tat, das Neues wirkt. Jesu Weise der Präsenz ist geist- und machterfüllt *(exousia)*, stiftet deshalb Zeit der Vergebung und Verheißung, weiß die Wunden der Zeit zu heilen, rückt das Leben in einen proto- und eschatologischen Horizont, von dem aus es als Parabel und Gleichnis einer gefreiten Liebe erscheint. Solch gesegnetes Tun ist Versöhnung von Freiheit und Zeit in ihren bisher durchschrittenen Stufen.

Bezeugte Freiheit

Alles Bedeutende, Leben wie Freiheit, Kunst wie Religion, Geburt und Tod, muss in Freiheit ge- und bezeugt werden. Der Zeuge ist ganz in Anspruch genommen von der größeren Wirklichkeit, die sich doch nur durch seine freie Subjektivität, seine Talente und Schwächen hindurch zu vermitteln weiß. Die unvordenkliche Zeit des Mysteriums bricht sich an und in der kleinen Zeit des Zeugen, beide schürzen sich zu einem Knoten, der unauflöslich und doch, so das Zeugnis gelingt, transparent bleibt, neues Leben zeugt und einen freien Zugang zu den Ursprüngen bahnt.

Freiheit im Urteil und beurteilte Freiheit

Jedes Zeugnis ist und verlangt ein Ur-teil, ob und inwieweit es der Lauterkeit und Wahrheit des Subjekts, dem Anderen und endlich dem zu eröffnenden Gegenstand gerecht wird, der im Zeugnis ja neu als Subjekt aufscheinen und vergegenwärtigt werden soll. Jeder urteilt ständig über sich,

die anderen, die Welt – und wird beurteilt, verstanden und
verkannt. Weltgeschichte ist auch Weltgericht, eine vorweg-
genommene Eschatologie. Ständig werden wir zur Verantwortung und Rechenschaft gezogen, gewogen und befunden,
niemand kann sich diesem Gericht entziehen. Aber woher
nehmen wir die Kriterien, über Freiheit zu befinden?

Urteil ist eine vielschichtige Metapher; es setzt Entscheidung voraus und frei, analysiert kritisch das Gegebene, mag
es gar zersetzen und vernichten, Wirklichkeit entzweien und
entsetzen; immer wird es, und das ist seine notwendig bru-
tale Seite, ‹gefällt›. Und doch geschieht dies, um neu zu verbinden, in der Kopula entlegene Wirklichkeiten miteinander
zu verknüpfen. Vielleicht ist es gut, die letzte Entscheidung
einer anderen, jenseitigen Instanz zu überlassen, in der Hellsicht und Gnade, Gerechtigkeit und Barmherzigkeit einander erhellen. Denn das einzige Kriterium kann ja nur sein, ob
wir einander zur Freiheit ermutigt und in ihrem Wachstum
gefördert haben, ob unsere endliche Zeit Ausreifen unserer
endgültigen und hilfreichen Gestalt gewesen und geworden
ist. Dies zu wissen, täte uns not, ist uns aber nicht gegeben,
weil niemand sein eigenes Profil erkennen, seine Stimme
wirklichkeitsgetreu vernehmen, seine Wirkung auf andere
umfassend ermessen kann.

Verwirkte Freiheit

Freiheit auszuzeitigen und Zeit zu freien ist ein fährliches
und prekäres, der hochgemuten Demut und Bitte bedürftiges
Unternehmen, in dem der Mensch sich leicht (an sich selbst)
vermisst und verfehlt. Da erliegt er der bleiernen Versuchung
der Melancholie, jenem Unendlichkeitssog ohne Perspektive, in dem nichts mehr zu ihm spricht, da alles gleichgültig geworden ist. Und gleichzeitig wird der depressive in

den manischen Phasen alles ergreifen wollen, hysterisch alle Möglichkeiten verfolgen, weil alles ihn lockt und reizt. Da hält der eine sich die Welt und sich selbst vom Leibe, der andere verurteilt sich zum endlosen Wiederholen immer derselben Vorgänge und Riten. Wir verfallen der Langeweile wie der Betriebsamkeit, den Zwangsritualen wie dem Wahn, alles beherrschen, in den Griff bekommen zu können – und verfehlen uns dabei ebenso an der Zeit und ihrem Charme wie an der Freiheit des Selbst wie der Mitmenschen. Freiheit kann sich verwirken, im- und explodieren, sich falsch im Endlichen und Faktischen einmauern, im Unendlichen verlieren, zum Sklaven und fiktiven Herrn der Zeit werden suchen, sich fatal vergessen oder auf sich fixieren und genau damit verspielen. Ob es da die Ewigkeit ist, die die Zeit auffängt, rettet, neu zu sich hin entlässt, der Zeit die Zeit stundet?

Gefreite Zeit – gezeitigte Freiheit

Es ist nun aus den vielen Beobachtungen eine kleine Fuge zu komponieren, in der die Motive sich vereinigen. Die wichtigsten Stationen waren von Rhythmus ‹können-müssen› geprägt. Alles ward uns ‹geboten›, auferlegt, gewährt. In keinem Augenblick sind wir Herr der Zeit oder der Freiheit, an beiden müssen und können wir Maß nehmen, uns als auf ihrer Höhe erweisen, sie ausformen und gestalten, sie (und uns an ihnen) übernehmen. Das Intimste und Persönlichste ist zugleich das, was uns am wenigsten gehört; vielmehr sollen wir ihm zugehören. Es wird uns gesagt: Du kannst du selbst sein – und deshalb sollst du frei zu dir und von dir zugleich werden. Jeder ist zu sich hin prädestiniert und eben darum fähig und genötigt, Zeit und Freiheit in seiner Biographie auszulegen und auszuleben. Notwendigkeit, Gesetz, Gnade und Freiheit sind einander zugespielt, bedürfen der Zeit, um zueinander zu finden.

113

All dies muss von der Freiheit reflektiert, vor- und nachsichtig bedacht, ratifiziert und ausgeschritten sein. Doch je mehr sie ihrer ansichtig wird und sich bewahrheitet, desto weniger kann sie sich abstrakt und isoliert verstehen, sondern wird sich als vor Gott, den anderen und sich selbst immer neu zu verantwortende erkennen, als begabte und schuldige, befähigte und verwirkte, vor allem als mit anderer Freiheit in korreflexivem Zusammenhang stehend. Jeder erkennt und vollzieht sich als von den anderen erkannt, spricht und handelt so, dass er dem Selbstverhältnis seiner selbst und des anderen Rechnung trägt und sich von daher gefordert, ermutigt und beurteilt weiß. Dabei ist allen Beteiligten bewusst, dass ihnen weder das erst- noch das letztbegründende Wort gebührt, denn niemand begründet sich selbst und kann sich selbst endgültig beurteilen. Er muss inmitten noch so großer Selbstgegenwart und Selbstdistanz (dieser Spielraum ist seine Freiheit) sich noch einmal entgegennehmen und überlassen, sich vor einem Größeren wissen, der deine und meine Freiheit re-spektiert, anruft, richtet, jenem Größeren, in dem Reflexion und Beim-Andern-sein, Wort und Wirklichkeit ineinanderfallen.

Unsere Phänomenologie stieß nebenbei und doch wesentlich auch auf Spuren und Strukturen trinitarischen Selbstvollzugs. Auf jeder Etappe wurden wir eines Zugs und Poles göttlichen Lebens inne. Vater- und Sohnschaft, Logos und Inkarnation, im Geiste sein und ihn teilen, waren die Stich- und Losungsworte inspirierter und inspirierender Freiheit, die in der Zeit zu sich und zum anderen findet. Je mehr Freiheit sich als freigiebig und gastfrei erweist, desto deutlicher prägen sich in ihr diese Züge aus, wird sie zur Parabel gelösten, korreflexiven Lebens, wie es dem christlichen Glauben in Gott ansichtig wird.

Darin wird auch die Zeit gefreit. Dies geschieht einmal in rückblickender Erzählung, in der die Freiheitsgeschichte sich ihrer vergewissert und hoffend ausgreift auf ihre mögliche Zukunftsgestalt. Es geschieht in Vergebung, Dank, Verheißung, Versprechen, also Handlungen, in denen sich Zeit und Freiheit so sammeln, dass sie füreinander einstehen, jenseits aller Stimmung und Wandlung verlässlich und verfügbar bleiben. Dies geschieht in Ritus und Mystik, in denen für einen flüchtigen und doch alles Weitere bestimmenden Augenblick Zeit und Ewigkeit, Wandel und Gültigkeit, Wort und Realität, subjektive Freiheit und objektive Sendung, Materie und Geist, Gebot und Gnade, Vergangenheit und Zukunft in lauterer Gegenwart zueinander finden.

In Mystik und Ritus werden Zeit und Freiheit als sich vor- und aufgegeben sichtbar und erfahren, einmal im Innenpunkt der transzendentalen Freiheit und des Einsichtsvermögens, das andere Mal im äußeren Zeichen, das als Realsymbol wahrgenommen wird. In beiden wird die Hochzeit von Freiheit und Zeit, ihre Würde und Symbolizität begangen. In diesem Kairos begegnen *chronos* und *aion*, Zeitläufte und Epochen eines Daseins einander. Man könnte hier von transzendentalen Situationen sprechen, in denen Erfahrungen mit Erfahrungen gemacht werden und sich so Logik und Sinn einer Biographie oder eines kollektiven Geschichtszusammenhangs erhellen. Ritus, Erzählung, Mystik ermöglichen einen solchen Zusammenhang, wie er sich in der Emmausperikope vielleicht am dichtesten dargestellt hat.

Abschiedlichkeit

Freiheit und Zeit finden zu sich selbst und zueinander in der Distanz abschiedlicher Erinnerung und Preisgabe. Man kann sie nicht bewahren, konservieren, für sich behalten;

115

sie leben nur, indem sie geteilt, erneuert, bewährt, ausgesetzt, anheimgegeben werden und dann erfrischt zu uns
zurückkehren. Es gibt sie nur zwischen Wagnis, Auf-gabe,
Scheitern und unverdienter (und doch hart erworbener) Erstehung. Die Mystik der johanneischen Abschiedsreden, die
Dialektiken des Paulus, die Predigten Meister Eckhards, das
offene Verhältnis von subjektiver und objektiver Freiheit
und der Gang der ‹Phänomenologie des Geistes› leben von
und bezeugen sich in dieser Dynamik. Nur in solcher Haltung werden die Spannungen unseres Weges bewahrt und
reflektiert. Wir können, dürfen und müssen unser Leben leiden mögen und das Zeitliche segnen lernen – in Steigerung und Minderung, Gesundheit und Krankheit, Erfolg und
Scheitern.

Freiheit und Zeit in dramatischer Indifferenz

Unser Weg kann auch als eine mögliche Entfaltung des Fun-
daments der ignatianischen Exerzitien, der Einübung in die
Indifferenz für jede Differenz, die gleichmütige Empfänglichkeit für alles Widrige und Entgegenkommende gelesen
werden. Rahner, Balthasar und Carlo Huber haben je auf
ihre Weise Zeit und Freiheit ‹ignatianisch› zusammenge-
dacht. Bei Balthasar finden wir – in einer unendlich reichen Entfaltung der Meditation von den zwei Bannern – ein
dramatisches Kampfverhältnis zwischen Ewigkeit und Zeit,
Willen Gottes und Widerwillen des Menschen, von Gnade
und Gesetz, Schuld und Gnade, Gott und Mensch, Logos
und Satan wie der verschiedenen Weltalter. Das Ganze im
Fragment zeitigt sich in einer epiphanen Äonenlehre aus,
wobei sich die Zweideutigkeit aller weltlichen Begebenheiten, Geburt und Tod, Macht und Bosheit, nur unter dem
Druck des Apokalyptischen zeigt und diese ihr Geheimnis
im Kreuzesgeschehen enthüllt sehen, wo sich das Drama zu-

gleich zuspitzt und löst. Zeit ist nichts anderes als dieser ständige Konflikt der Welten, und Freiheit entsteht in und aus der Entscheidung zwischen ihnen; als neutrale (transzendentale etc.) Größen interessieren sie hier gar nicht, nur als verwirkt und erlöste.

Rahner und Huber entfalten eher das Fundament und die Wahlzeiten des Exerzitienprozesses, der erste in vorwiegend mystisch-biographischer, der zweite in eher formaler, welt- und subjekterschließender Hinsicht, wobei in feinsinniger Weise zugleich die gesamte europäische Geistesgeschichte von Leibniz und Kant bis Husserl und Heidegger durchlaufen, also eine parallele Inszenierung von Onto- und Phylogenese als Geschichte der Zeitigung von Freiheit versucht wird. Wir wohnen der Konstitution des Subjekts und seiner jeweiligen Welt bei, der Auszeitigung ihres Verhältnisses, das sich im Gang als interpersonales und auf Gott hin erschlossenes enthüllt. Bei Rahner hingegen findet sich der Mensch in einer Nötigung zu ständiger Selbstüberbietung und -einholung vor, ohne der Endlichkeit entfliehen zu können. Vielmehr muss er sie inmitten noch so großer Selbsttranszendenz immer neu als irreversibel und endgültig anerkennen und sich in ihr einfinden. Der Mensch läuft in der Zeit nicht vor sich weg, entwickelt sich nicht irgendwohin, sondern muss und kann sein Wesen so erwirken, dass er sich zugleich unter sein eigenes reflexives Urteil wie unter das Gericht Gottes gestellt weiß. Nicht umsonst kommt der Nexus von Freiheit und Zeit angesichts der Schuldbedrohtheit des Menschen zur Sprache, insofern er sich stets vor, in und gegen seinen Gott und darin gegen sich entscheiden kann und muss. Und umgekehrt: Selbstverfehlung der endlichen Freiheit ist schon Frevel an der Präsenz des Gottes, der eben diese gewollt und angerufen hat; denn jeder ist *hapaxlegomenon,* das eine und einmalige Wort, das Gott

nur an ihn gerichtet hat. Gottes- und Selbstverfehlung verschlingen hier einander. Umgekehrt sind in der Offenbarung
der Rechtheit und Freiheit Gottes innere und ökonomische
Trinität strikt dasselbe, weil Gott sich wirklich am anderen
seiner selbst auslegt und unwiderruflich offenbart, sich in
Freiheit zeitigt und so die Lebenszeit des Menschen und der
Welt heiligt, als Raum und Vorgang seiner Gegenwart annimmt und qualifiziert. In solchem Entscheiden und sich
ver- und überwindendem Ausschauhalten erschließt sich
der Mensch vor und für Gott wie umgekehrt Gott sich am,
im und vor dem Menschen auslegt, eine Doppelbewegung
von Sein, Zeit, Sinn und Freiheit, die in der freien Übernahme und Anheimgabe des Lebensgestus Christi ihre Darstellung und Peripetie findet.

Mythobiographie coram Deo

Das Leben eines Menschen kann nun als einziger großer Ex-
erzitien-Prozess gelesen werden, in welchem er in der Auseinandersetzung mit und Zuordnung zu anderen Welten
das Ich und seine jeweilige Welt erbildet. Er lernt, zwischen
sich als Maske, Götze, Projektion und endlicher Wirklichkeit
(die doch dem Ewig-Bleibendem erschlossen und überant-
wortet ist), zwischen Ich und Welt, Ich und Du, Du und Er,
Götzen, Welt und Gott zu unterscheiden, ohne ihren symbolischen Verweisungszusammenhang zu verlieren. Im Gegenteil, in solchem Unterscheiden er-findet er die Bedeutung
seines Lebensfadens, erschließt sich ihm die eigene Biographie als Parabel, als sinnträchtig und offen, als Bestimmung und Verheißung. Es entsteht das je einmalige Welt-,
Zeit- und Lebensempfinden, das Taktgefühl einer Freiheit,
die sich selbst inkarnieren, darstellen und auf andere Welten einstellen kann, sich mit Geburt und Tod, Steigerung
und Minderung, Leib und Seele zu versöhnen oder sie we-

nigstens vertrauend anzunehmen und zu öffnen vermag. Es entsteht so etwas wie der Mythos eines Lebens, in welchem sich Ereignisse und Erzählungen, Deutung und Ausstrahlung zu einer Komposition vereinen, die dem Leben Sinnraum und -richtung geben. Nur eine solche Freiheit kann sich vor dem Ressentiment bewahren, jener tödlichen Weise der Selbstverschließung, die sich nur zu behaupten weiß, indem sie andere Freiheiten, Gott und die Welt exkommuniziert und mit dem Bannfluch ewigen Verdachts belegt. Eine solche Freiheit verurteilt sich selbst zur Sterilität, weiß sich weder zu erbilden noch zu erzählen, sondern wiederholt nur die wenigen traumatischen Urszenen, die zu ihrer Selbstverdammung geführt haben. Freiheit ist aber in der Zeit, die sie selber empfängt und entwirft, auf der Suche nach jenem Mythos, der sie offen, wahr, fruchtbar erhält, also viele Spielräume des Erzählens und Wirkens eröffnet und darin zugleich dem Leben seine Zeichnung, Bestimmung, seine einmalige Kontur und Aura verleiht.

Zwischen Geburt und Tod: vom lastenden Segen des Daseins

Der verlaufenden Zeit Kontur zu geben, sie zu rhythmisieren, als Entwurf zu übernehmen und so die Freiheit zu konkretisieren, das Geschick in eine offene Parabel zu wandeln, das bleibt die Lebensaufgabe eines jeden Menschen. Dergleichen ist nie ganz durch theoretische Reflexion einzufangen, sondern man muss es sehen und leben lernen. Deshalb sei das Gesagte abschließend an einigen Lebensläufen bewahrheitet und verdeutlicht.

Da muss am 1. November 1829 Schleiermacher seinem plötzlich verstorbenem neunjährigen Sohn Nathanael die Trauerpredigt halten. Und alle Fäden der aufgeklärten Theologie des Vaters schürzen sich hier zum Knoten und lösen sich zugleich (ein). Die Zweifel, das Entlegene der Idee des ewigen Lebens werden selbst in dieser Stunde nicht verschwiegen, kein billiger Trost zugesprochen, das Leid in seiner Haltlosigkeit benannt und dann doch die Tür zum Vertrauen auf einen größeren Gott und zu einer getrosten Gelassenheit offen gehalten. Schleiermacher wurde nach diesem Tag ein anderer, bis er gut vier Jahre später selbst sich von dieser Welt verabschieden musste. Und es wurde ein bewusster Abschied, denn in der letzten Stunde begeht er mit den Seinen das Abendmahl und stirbt nach dem Schlusssegen. Erfüllte Freiheit eines Kulturchristen, der als Intellektueller Aufklärung und Romantik ohne Ressentiment aufgenommen, beiden vor- und hellsichtig widerstanden hat und so als einziger unter seinen Gefährten Prediger bleiben konnte.

Ein Jahr nach Schleiermacher verliert auch Goethe seinen Sohn, scheinbar ungerührt *("non ignoravi me mortalem genuisse")*. Er starb an jenem Ort, an welchem der Vater 44 Jahre zuvor seine Wiedergeburt erlebt hatte. Dieser hatte am Vortag die Arbeit am vierten Teil von „Dichtung und Wahrheit" wieder aufgenommen; am Tag danach erlitt er einen Blutsturz, eine der ungezählten tödlichen Krisen, die sein Leben zerschneiden und durchweben; dann kann er endlich jene Altersmythen zu einem unverhofften Abschluss führen, in denen sich sein Leben und Schaffen verdichten und reflektieren sollten: den ‹Faust II›, die ‹Wanderjahre›, den dritten Teil der ‹Farbenlehre›, ‹Dichtung und Wahrheit›. Er hatte diese Werke nach dem Scheitern von Marienbad im Jahre 1823 neu angegangen und zugleich mit Eckermann (dessen Leben er glänzend machte und verstörte) an seinem Altersstil und definitiven Lebensbild gearbeitet, dem ‹Goethe›, wie er sich selbst sah und gesehen sein wollte. Auch so konstituiert sich Freiheit in der Zeit und entwirft ein jeder sich jene Zeit, die er zugleich erleidet.

1838 stirbt Talleyrand, der ehemalige Bischof und ganz Europa in Atem haltende und beherrschende Diplomat unter wenigstens vier verschiedenen Regimen in Frankreich. Wie 150 Jahre nach ihm François Mitterand bereitet er die Szene seines Sterbens über Jahre hin vor, verzögert die Unterwerfung unter die Kirche (an der ihm um der Logik seines Lebens und der Würde des Abschieds willen gelegen ist) bis zum letzten Augenblick, um Herr seiner Entschlüsse und seines Scheidens zu bleiben und um der Verfügung seinen Stempel zu geben, an dem niemand, selbst der Papst nicht, noch etwas würde ändern können. So spiegelt der letzte Tag das ganze Leben des skeptischen und lebensgewandten Protagonisten, der seine Existenz, unter der er wohl auch litt, in die Hand zu nehmen und glänzend aufzuführen wusste – und damit immerhin vielen nützlich wurde. Was er vor Gott war, entzieht sich unserem (und selbst seinem) Urteil.

In derselben Epoche, an Weihnachten 1833, verliert der Dichter Manzoni seine geliebte Frau, mit der er zur Kirche und zum Glauben gefunden hatte. Er sollte noch den Tod von acht seiner neun Kinder sehen. Ergreifend, wie er in Verstummen und tastendem Ausdruck die Hiob-Situation besteht. Die Bruchstücke des Gedichtes ‹Il Natale del 1833› legen davon Zeugnis ab (wie auch der gleichnamige Roman von Mario Pomilio, dem wir mit ‹Il quinto evangelio› auch einen der besten religiösen Romane der Zeit nach 1968 verdanken).

Und endlich zwei Erzählungen, in denen sich die familiäre Weihnacht und pubertäres Erwachen überschneiden. Weihnachten 1886 im Hause Martin in Lisieux: Therese, die noch ‹an das Christkind glaubt›, hört den Vater sagen, dass dies nun glücklicherweise das letzte Fest mit einer solchen Inszenierung sei. Ihr kindliches Weltbild, das Urvertrauen

121

in Vater und Gott brechen unter Tränen zusammen. Aber sie fasst sich, nimmt die Geschenke und breitet sie vor dem Vater aus, gibt sie frei zurück und nimmt sie erneut entgegen. Ein Durchbruch, der ihre nervöse Konstitution, die sie seit dem Tod der Mutter geprägt hatte, verwandelt und fähig macht, die tapfere junge Frau und Nonne zu werden, als die wir sie kennen. Vier Jahre später sieht in Calw der fünfzehnjährige Hermann Hesse voll Wehmut und leiser Verachtung, wie sein jüngerer Bruder Hans sich in ausgegossener Seligkeit dem Anblick der Geschenke hingibt, in der Welt der Weihnacht ganz aufgeht. Hesse weiß in diesem Augenblick um die Entzweiung der Sphären, den Riss zwischen vorgeburtlich-mütterlicher und distanzierter Vaterwelt, den Verlust der eigenen Unschuld, die Überlegenheit des skeptischen Verstands, den Zusammenhang von Schuld und Aufklärung, allesamt Züge, die sein Leben und Werk prägen werden. Und er berichtet diese Episode aus dem Rückblick, nach dem Selbstmord seines Bruders, der sich mit dem Verlust der frühen Verheißung nie hat abfinden können.

Itinerarium Mentis

Freiheit und Zeit, Leben und Erzählung, sie erbilden einander und finden so zu einer Bestimmung, die sich ganz unserem Entwerfen, Erbilden, Wirken und Deuten verdankt und deren wir doch nie Herr sind. An dieser Weggabelung entscheidet sich, ob wir durch titanisches Bemühen (Prometheus), elegante Diplomatie und Entsagung (Talleyrand, der späte Goethe), zweifelndes oder gelöstes Wissen um die Entzweiung und Widersprüchlichkeit des Lebens (Montaigne, Hesse) und die Sehnsucht nach der Welt der Vorgeburt (Hesse) oder durch eine getroste und hochgemute Kraft des Empfangens und der Anheimgabe unseres Lebens (Therese)

zu jener kleinen Weisheit finden, die uns Sterblichen möglich und zugedacht ist.

An dieser Stelle fänden Biographie, Philosophie und Mystik
zueinander, die Wegfolge des Lebens und der Werke der großen Denker und Heiligen; das Leben könnte da als ‹Itinerarium mentis in Deum› ein- und aufleuchten, ein Gedanke,
dem Carlo Huber in einem Seminar, das Texte von Platon
über Augustinus, Bonaventura, Ignatius, Theresia von Avila bis Hegel, Heidegger und Wittgenstein vorstellte, nachge-
gangen ist. Unsere Erwägungen wollten der Intuition jenes
Seminars auf eigene Weise nachsinnen und Gestalt geben.

Anmerkung

Die vorliegenden Überlegungen haben sich unmittelbar an einigen wenigen Texten inspiriert, die hier angezeigt seien:

Hannah Arendt, *Vita Activa*, München 1992; dies., *Zwischen Zukunft und Vergangenheit*, München 1994; Karl Barth, KD § 47; Hans Urs v. Balthasar, TD III; Ernst Bernhard, *Mitobiografia*, Milano 1969; Massimo Cacciari, *Dell'inizio*, Milano 1990; Roberto Calasso, *Le nozze di Cadmo e Armonia*, Milano 1988; ders., *Le rovine di Kasch*, Milano 1983; Karl F. Grimmer, *Geschichte im Fragment*, Stuttgart 2000; Carlo Huber, *Vegliate dunque! La costituzione della realtà*, Assisi 1999; Reinhard Margreiter, *Erfahrung und Mystik. Grenzen der Symbolisierung*, Berlin 1997; Giulio Meiattini, *Il ‹Natale› di Hermann Hesse e di Teresa Martin*, La Scala 10/1997; Karl Rahner, *Trost der Zeit*, in: Schriften zur Theologie III, S. 169ff.; ders., *Grundkurs des Glaubens*, Freiburg 1976; Michael Theunissen, *Negative Theologie der Zeit*, Frankfurt 1991; ders., *Pindar*, München 2000; Paul Tillich, *Systematische Theologie III*; Bernhard Waldenfels, *Antwortregister*, Frankfurt 1994.

Teil 3

Einblicke
in die Geistesgeschichte

Die Geburt der Neuzeit
aus dem Geist der Mystik

Die Belebung der Theologie wie der kirchlichen Praxis (und damit die Verwindung der Modernismuskrise) vollzog sich seit den 1920er Jahren im Zeichen der liturgischen Erneuerung wie einer im Geist der mystischen Glaubenserfahrung revidierten Frömmigkeit und Reflexion. Pierre Rousselot, Joseph Maréchal, Karl Adam, Romano Guardini, Erich Przywara, Karl Rahner oder Hans Urs von Balthasar wie die von ihnen angestoßenen oder begleiteten Bewegungen wären ohne diesen doppelten Zug nicht zu verstehen, der sich in dem Modewort ‹Spiritualität› vereint. Die These, die hier entfaltet werden soll, lautet dahin, dass die Neuzeit selbst in ihren hervorstechenden Eigenschaften nicht ohne das freie Geleit der Mystik zu denken ist, ja sogar etliche gemeinsame Züge zwischen Mystik und Aufklärung (illuminismo) zu entdecken sind. Dem geht der erste Teil unseres Beitrags nach. Im zweiten Teil werden einige Gestalten näher gezeichnet, in denen sich die erwähnte Wahlverwandtschaft besonders spiegelt. In alldem soll ein wenig von Pathos und Ethos jener Geisteswelt der 1930er bis 1950er Jahre aufscheinen, denen der mit diesem Beitrag zu ehrende Generalvikar der Erzdiözese Paderborn, Bruno Kresing, seine Prägung verdanken mag.[1]

---

1 Es ist offenkundig, dass sich die folgenden fragmentarischen und durchaus anfechtbaren Bemerkungen nur vor dem Hintergrund einer längeren Forschertätigkeit und vieler hermeneutischer Erwägungen rechtfertigen, die hier nicht entfaltet werden können. Sie sind der Gegenstand von Nachdenken und Lehre am Institut ‹Philosophie und Mystik› in der Philosophischen Fakultät des Pontificio Ateneo S. Anselmo sowie etlicher Veröffentlichungen des Autors: *Neuzeit und Offenbarung*, Rom 1986, Kap. VI;

Die Wahlverwandtschaft von Mystik und Aufklärung

Dass die Geburt der Neuzeit zwischen 1300 und 1700 von einer Wolke von Mystikern (von Meister Eckhart bis Fénelon) begleitet worden ist, bedarf keines Beweises. Schwieriger ist es, den inneren Nexus zwischen beiden Strängen der Geistesgeschichte zu zeigen. Hier seien nur einige Schneisen geschlagen, die einen anderen Blick auf die Landschaft der beginnenden Neuzeit erlauben. Wir fragen also: Gibt es Gemeinsamkeiten zwischen Meister Eckhart, Johannes vom Kreuz, Franz von Sales, Fénelon, dem Pietismus auf der einen und den Verfahren der Selbstkritik und Weltkonstitution bei Descartes, Malebranche, Kant, Hegel, Heidegger, Wittgenstein auf der andere Seite? Dazu einige Stichpunkte.

Beiden ist das freudige und erlittene Bewusstsein der Krise und des Übergangs gemeinsam; unsere Autoren stehen im Zeitbruch und durchleben ihn von innen.

Jeder von ihnen denkt seine Zeit als neue, als Kairos, stellt sich dem Umschlag, der sich unerbittlich auferlegt. Dieser kommt nicht nur von außen auf sie zu, sondern wird in der inneren Dynamik ihres Erlebens wie in dessen Selbstkritik ‹durchgeführt›. In dieser Optik wären sie neu zu lesen. So bündeln sich im Krisenjahr 1327, wie es auf populäre und raffinierte Weise in Umberto Ecos Roman ‹Im Namen der Rose› geschildert wird, religiöse, spirituelle, politische und weltanschauliche Probleme, denen Denken und Predigten Meister Eckharts zu entsprechen suchen. Und was wäre geschehen, wenn der Konflikt mit Luther nicht nur unter scholastischen und politischen Vorzeichen, sondern ‹unter

ders., *Der geteilte Logos*, Rom 1992; Aniceto Molinaro / Elmar Salmann (Hg.), *Filosofia e Mistica. Itinerari di un progetto di ricerca*, Rom 1997.

Mystikern› des reinen, nackten Glaubens ausgetragen worden wäre? Wie nahe sind sich da in mancher Hinsicht Luther und Johannes vom Kreuz.

Ein solches Krisenbewusstsein führt zu einer scharfen Kritik
an der Objektivität allen Urteilens wie an Wert und Verbindlichkeit äußerer Traditionen und Schablonen. Nichts ist da
so, wie es scheint; unangefochtene Autoritäten und Wirk-
lichkeitsbezüge sehen sich als irreal, als unerheblich oder als
Schein und Projektion entlarvt. Das gilt auch von den Bildern des Glaubens, den Lehren der Meister, von denen sich
Eckhart oft absetzt. Hier wird alles auf die innere Dynamik
und Dramatik der ‹fides qua› konzentriert, von welcher aus
die Mysterien des Christentums allererst wieder einsichtig
gemacht werden können (so noch bis zum ‹Grundkurs› Karl
Rahners). Ein solcher Primat spiegelt sich noch in der fast
‹existentiell› zu nennenden Bibelhermeneutik eines Luther
oder Johannes vom Kreuz, die die Hl. Schrift fast ganz vom
inneren Erleben und auf seine schmerzliche Bekehrung hin
lesen.

Dem entspricht eine ebenso herbe Kritik des Subjekts und
seines Erkennens, Fühlens und Wollens. Da müssen alle seine Vermögen untersucht, ja genichtet werden; alle scheinbar
vorgegebenen Gewissheiten, Urteile, Weltbilder, Wertungen
sehen sich relativiert, einer genauen Prüfung ihrer Legitimität und Reichweite unterzogen. Das Ich verliert jeden Halt;
sein Denken, Wollen, Haben, Begreifen wird durchgestri-
chen, von innen, den Bedingungen seiner Möglichkeit und
seiner Grenzen, wie von außen, seinen (ethischen, sozialen,
politischen und religiösen) Wirkungen, her kritisiert. In der
Unerbittlichkeit des Verfahrens stehen da Meister Eckhart
oder Johannes vom Kreuz einem Kant und Freud nichts
nach.

Bei einem solchen Zu-Grunde-Gehen der Reflexion entbergen sich die innere Gespaltenheit des Subjekts wie der Bruch zwischen Subjekt und Welt. Es tut sich der Abgrund auf zwischen dem rein transzendentalen (unobjektivierbaren, spontanen, freien) und dem empirischen Ich, zwischen Seelengrund und Vermögen, der nahen Gnade und der realen Gottferne, zwischen dem wirklichen Gott und den Gottesbildern, die die Seele entwirft. Mystische und aufgeklärte Vernunft durchqueren die unendlichen Abstände und Widersprüche zwischen diesen Polen, halten dem Hiatus stand, ohne ihn einfachhin zu schließen oder gar zu einer Versöhnung gelangen zu können.

Methodisch ist das Bewusstsein wach, dass jegliche Wirklichkeit nur indirekt, oft erst durch ihre Negation hindurch zu heben und wahrzunehmen ist. Ein unmittelbarer Zugang zum Ich, zum anderen, zum Phänomen ist verstellt. Oft müssen die falschen Vor- und Inbilder wie die unerlösten, kontraproduktiven Folgen eines Tuns oder Seins aufgedeckt werden, um so langsam, durch etliche Kehren vermittelt, zu ihrer Wahrheit vorzudringen. Der Blick eines Fénelon oder Kierkegaard ist dem Kafkas oder Adornos da durchaus vergleichbar. Und war es nicht auch Guardini bewusst, dass das eigentlich Selbstverständliche, sich von allein Verstehende wie Freiheit, Personsein, Liebe, Ethos in mühsamer phänomenologischer Arbeit erschlossen werden muss, um erst im Licht der Glaubenskehre zu seiner Wirklichkeit einzukehren? Mystik und Aufklärung wissen um den engen Zusammenhang von Anweg und innerem Aufgang einer Welt wie um die Schwierigkeit, ja Unmöglichkeit einer lauteren Beziehung zwischen den Welten.

In solchem Vorgehen wird der jenseitige, nichtobjektivierbare, reine Grund jeglicher Freiheit und ihrer Bestimmung entborgen, das einem jeden auferlegte Geschick, er selbst zu werden, sich zu verantworten zu können und zu müssen, sich zu inkarnieren in Bezug auf andere Freiheit. Die Einmaligkeit des Ich, des anderen wie der Gottbeziehung ist Mystik und Aufklärung gleichermaßen bewusst, damit aber auch die ‹alleinige› Einsamkeit und Fremdheit des Menschen in dieser Welt.

Ein anderer überraschender Zug ist der Antieudämonismus, das aszetische Verhältnis zu Welt und Lust, jene herbe Indifferenz, die das Ich bereit sein lässt zum gastfreien Ertragen jeder Differenz, jeder Andersheit. Das neuzeitliche Subjekt ist bei Descartes, Kant, Freud, Hegel, Heidegger, Wittgenstein keineswegs auf eine billige Erfüllung seiner Triebe oder Wünsche hin angelegt, vielmehr widerstreiten alle diese Denker dem spontanen Empfinden, legen ihm Zügel an, erinnern das harte Gesetz der Verwindung des bloß Subjektiven und Innerlichen zugunsten einer objektiver Freiheit, die sich größeren Zwecken unterwirft. Die tiefste Wirklichkeit des Menschen, sein Können und Vermögen, ist zugleich ein Imperativ; ihr Zusammen, gar die Versöhnung von Sein, Gesetz und Gnade, von Gebot und Freiheit, Freiheit und Kommunikation, wird wie im Christentum fast stets nur im Blick auf Gott (Sein) und von ihm her für möglich gehalten.

Das solcher In-differenz entsprechende positive Ethos ist die gastfreie Aufmerksamkeit, die in Absehung von eigenen Ansprüchen sich der Wirklichkeit des anderen öffnet, ihn genau wahrnimmt, seine Aura achtet. Die Phänomenologie Hegels und Husserls, der Blick der Moralisten von Montaigne bis Kant und Nietzsche, die Therapie Freuds, die Dialogik Bubers, die Mikrologie Walter Benjamins leben von einem solchen Pathos und Ethos der Aufmerksamkeit ebenso wie die Mystik einer Simone Weil, der Stil Guardinis, die

Dialektik von Schuld und Erlösung bei Pascal, die Briefe eines Franz von Sales oder eines Fénelon.

Mystik und Aufklärung gipfeln und bewahrheiten sich im Ereignis der Erleuchtung. In einer solchen wird das, was bisher Endpunkt, unüberwindlicher Letzthorizont des Lebens und Verstehens schien, zum Ausgangspunkt für den Aufgang einer neuen Wahrheit. Für eine solche Wende sind der Umschlag in der ‹Dritten Meditation› bei Descartes, die innere Folge der Kritiken Kants, die Geburt des Phänomenologen bei Hegel, das Aufgehen der Wahrheit des Seins (inmitten und am Ende des Tunnels der Langeweile) bei Heidegger ebenso typisch wie die Entbergung des Lebens im Tod, der Gottesnähe inmitten erlittener Ferne in der christlichen Mystik. Ferner: Was sich bisher auszuschließen schien, Leben und Tod, Einheit und Differenz, die Gegenwart des zunächst ausgeschlossenen Dritten, das zeigt sich in der Erleuchtung als integraler Teil eines Kraftfeldes, der Offenbarung des Einen im Vielen, im Widrigen und Anderen seiner selbst. Solche Erleuchtung verinnerlicht die unlösbaren Widersprüche des Daseins, trägt sie erkennend aus.

Da bleibt es nicht aus, dass der Andere als solcher, das bislang Ausgeschlossene entdeckt wird: der Laie, die Frau, die unbefangene geistliche Gemeinschaft: Bei Cusanus und in den Predigten Eckharts oder Taulers öffnet sich die Theologie (bis in den Gebrauch der Muttersprache hinein) zur nichtklerikalen Welt. Ohne die Einigung von Weiblichem und Männlichem und das ‹demokratische Element› gibt es wohl keine Mystik. Die Spaltung von scholastischer Kleriker-Theologie und Mystik hat sicher beiden nicht gutgetan. Was wäre aus der Theologie geworden, wenn Bonaventura (und nicht nur Thomas), Eckhart, Tauler, Cusanus, Johannes vom Kreuz oder Pascal ihr hätten entscheidende Stichworte liefern können? Erst in unserem Jahrhundert ist hier seitens der obengenannten Theologen ein Wandel eingetreten, der auch den mystagogischen Zug ihres Denkens, den neuen Tonfall erklärt, der den Einzelnen in den Raum des Mysteriums einführen möchte.

Gott erscheint in Aufklärung und Mystik nicht einfach als der, dem/an den zu glauben ist, vielmehr als Horizont, Möglichkeit, Urgrund, Vorgabe und Verheißung gelungenen Lebens, als Instanz, vor der man zu leben hat, wie als pneumatischer Raum allen gegenseitigen Verstehens und Anerkennens. Er ist das Woher unserer Selbstverpflichtung, des Gebots, auf der Höhe unseres Selbst und des Anderen, ja des Lebens zu sein, und die Gnade allen Gelingens, dank derer sich trotz allem unser Leben ins Gute fügt. Und umgekehrt: Dieser Gott ist als Horizont die erste und letzte Instanz, die als Vorbehalt die Ideologisierung und Vergötzung alles Vorläufigen hindert und zugleich garantiert, dass alles, auch das Unscheinbarste und selbst das Widrige, dem Leben Feindliche, Symbol, besser: offene Parabel seines Gebots und seiner Gnade, sein kann und werden muss. Die Bekehrung besteht wohl darin, sich selbst und einen jeden Menschen, Gesundheit wie Minderung, Geburt wie Tod als Vorlauf, als Gleichnis seiner möglichen Geistesgegenwart zu lesen. Dies wäre genau die vom Menschen geforderte und in Aufklärung und Mystik, im Pietismus wie bei Kant und Goethe verwirklichte aufmerkende Geistesgegenwart, in der sich Präsenzpflicht und die Wahrnehmung gewährter Gemeinsamkeit einen: jenes Wunder des Dativs, aus dem sich die Liturgie, der gemeinsame Chorgesang, der schweigende Gestus des Gebets nähren (Rosenzweig).

Ein solcher Weg bleibt hypothetisch, offen, ist immer neu zu durchlaufen. Das gibt es nichts zu konservieren, vielmehr wird Glaube nur wahr in der Erfahrung mit unserem Erfahren. Bis aus dem Erleben eine Erfahrung und aus dem Erfahren ein Ethos, ein geprägter Habitus und (nicht stilisierter, sondern ein ebenso frischer wie verlässlicher) Stil wird, dazu braucht es eines langen Weges. Jede der Erfahrungen wird dabei ‹bearbeitet›, ihres ersten Erlebnischarakters beraubt: Was uns attraktiv, schön, erfüllend schien, zeigt sich von seiner lastenden Unterseite; was bedrückend und ängstigend war, erweist sich als Chance, als Durchgang zu größerer Reife. In einer solchen Alchimie des Fühlens und Wertens wird der Mensch objektiver, belastbarer, lernt, von sich abzusehen, ist bereit, Differenzen auf sich zu nehmen und zu ertragen, gastfreundlich zu sein, ohne sich mit dem Anderen zu identifizieren. Und in alldem mag das Geheimnis des dreifaltigen Gottes auf- und einleuchten, der gelassen jeden Abstand in sich austrägt; in ihm ist eine bleibende Dynamik des Übergangs, ein reines Geben und Empfangen zwischen den Personen, weshalb er auch die Schöpfung und jeden Menschen freigiebig bei sich wohnen lassen kann.

Der aufgeklärte Mystiker wird das Wahre lieben, ohne Fanatiker, das Schöne, ohne Ästhet, das Gute, ohne Moralist zu sein. Er wird sich selbst leiden können, ohne selbstverliebt oder eitel zu sein, dem Anderen/Nächsten gerecht werden, ohne seine Nähe zu suchen, der Einheit, ohne das Uniforme zu mögen. In diesem ‹ohne› mag das Salz und der Charme, der widerständige Mut (der Stark- und Demut beinhaltet) des modernen Heiligen begründet sein, weil in ihm viel an ‹Mit-sein› (without), an nüchterner Verbundenheit und an Erschlossenheit zu allem liegt, was von Gott geschaffen ist und als solches dem Menschen- und Gottesdienst nützt und frommt.

Gestalten christlichen Lebens zwischen Moderne und Mystik

Maurice Blondel (1861-1949) war einer der herausragenden katholischen Intellektuellen, der sich tapfer und mit großer Luzidität zwischen den Fronten des laizistisch eingestellten akademischen Milieus, seiner dem Modernismus nahestehenden Freunde und eines bornierten kirchlichen Integrismus zu bewähren hatte. In seiner bahnbrechenden Habilitationsschrift ‹L'Action› von 1893 versucht er eine rein philosophisch begründete Apologetik des Christentums, die auch einen agnostischen Geist argumentativ, womöglich gar existentiell zu überzeugen vermöchte. Für ihn ist nicht das menschliche Denken oder Fühlen grundlegend, sondern das Handeln, in welchem allein der Mensch sich unweigerlich ausdrücken und darstellen muss und sich der Sinn des Lebens unverfälscht, ohne Schein konstituiert. Er analysiert alle Implikationen menschlicher Tat-Handlung (auch das Denken oder Fühlen gehört dazu, sofern sie nie abstrakt sind, sondern Passionen und Setzungen des Subjekts) und macht vorab die innere Dialektik von gewolltem und wollendem Willen deutlich, wobei der zweitere vom ersteren nie restlos zu thematisieren oder einzuholen ist. Immer erstrebt und will der Mensch mehr, als er aktuell-bewusst anzielt und verwirklicht. Von da aus werden alle praktischen Atheismen als Fehlhaltungen eines zu kurz greifenden Willens entlarvt: Ästhetizismus, Moralismus und Fanatismus, jede Art von Ideologie, die etwas Endliches, und seien es Wissenschaft, Sozialhygiene oder Kunst, zum letzten Integral des Wollens und Handelns erhöbe. In einer präzisen Phänomenologie des stets erneuerten Wettlaufs von Wollen, Handeln, Erfüllung, Scheitern und neuem Aufbruch gelangt er bis zu jener Schwelle, an welcher der Mensch sich als Passion, als bedrängtes, inspiriertes, vom unerfüllbaren Gebot der Selbstverwirklichung getriebenes Wesen erkennt, das nie zu jener Vollendung kommt, die es doch erwarten muss. An dieser Stelle ist der Mensch offen für eine Gnade, die stets notwendig und doch unmöglich, unerschwinglich ist. Da gilt es, sich und jeden Anspruch auf Erfüllung aus eigener Kraft aufzugeben; es wird ihm das Heilende des Opfers, des demütigenden Selbsteinsatzes bewusst, zugleich die Tatsache, dass sein ganzes Bewusstsein und Tun schon je von einem Gott umgriffen waren, in dem sich Freiheit und Notwendigkeit, Passion und Handlung, Gabe und Gesetz, wollender und gewollter Wille versöhnten. Ein solcher Gott kann nicht bloßer Gedanke sein, in abstrakt-seliger Ferne hausen, sondern müsste fähig sein, die menschliche Freiheit frei zu übernehmen, in sich hinein zu vollenden. Am Ende seiner in rein negativer Dialektik durchgeführten Argumentation verweist Blondel auf diesen christlichen Gott, besser: Er zeigt auf ihn hin als schon anwesenden.

In diesem ungewöhnlichen Buch, das sich an Kant und Hegel, Schopenhauer und Pascal ebenso schult wie an Bernhard, Johannes vom Kreuz und Ignatius, einen sich klare Rationalität und ein unbestechliches dialektisches Denken mit einer Mystik des Innewerdens und des Opfers wie endlich mit einer Vision des Christentums im Zeichen der Realpräsenz und der Danksagung.

Zehn Jahre hat Blondel an diesem Werk gearbeitet, und parallel dazu ein geistliches Tagebuch geführt, das zeigt, wie sehr er von einer eucharistischen Mystik geprägt war und zugleich während dieser Zeit mit der Frage umging, ob er Priester werden solle. Am Ende entscheidet er sich dafür, als Laie im Universitätsmilieu den Glauben zu bezeugen, was ihm weder vom Staat (er wird in die Provinz versetzt) noch von der Kirche gedankt wird.

Seitens der Theologie sieht er sich immer wieder Angriffen wegen eines vermuteten Modernismus ausgesetzt. Es ist erstaunlich, mit welcher Klarheit, Unerschrockenheit und Solidarität (der Kirche wie den Verurteilten aus seiner Umgebung gegenüber) er diese Konflikte austrägt. Sein Buch ist schon bald vergriffen und wird von den entscheidenden Erneuerern der Theologie, wie etwa von Henri de Lubac, in Abschriften gleichsam unter der Schulbank gelesen und in privaten Zirkeln diskutiert. Kaum ein anderer Denker verkörpert in Leben und Denken so gut wie Blondel die oben angedeuteten Koordinaten eines aufgeklärten Mystikers.

Therese von Lisieux (1873-1897) ist eine Zeitgenossin Blondels und entspricht, obgleich in gänzlich anderem Milieu beheimatet und ohne jeden intellektuellen Ehrgeiz, in überraschender Weise vielen seiner Einsichten. Da sind die Übereinstimmung von Leben und Lehre, das fast skandalöse Bewusstsein ihrer Sendung, die kühne Transformation der karmelitischen Tradition. Besonders nahe an Blondel ist ihre Lehre vom ‹kleinen Weg›, dem nichts Kitschiges, Verspieltes oder Harmloses eignet, der vielmehr eine fast atemberaubend genaue Transposition der Intuitionen Blondels in die kleine Münze gelebter Aszese und Mystik darstellt, wobei letztere geradezu revolutioniert werden. Es waltet hier nicht mehr das Ideal der reinen Kontemplation oder einer gewalttätigen Aszese; es geht nicht um den mystischen Tod, das Ersterben allen Wollens, Denkens, Fühlens, sondern um das unscheinbare, aber eben deshalb unsäglich schwere Annehmen des Unscheinbaren, des Alltäglichen, die ständige Überwindung des Gewollten zugunsten der tieferen Dynamik jenes wollenden Willens, in welchem Gott uns anzieht und auf sich zutreibt. Konkret verwirklicht sich diese Einheit von Haltung und Handlung, von Passion und aktiver Präsenz, von Energie und Armut im Verzicht auf alle Launen, Vorlieben, Abneigungen oder Ressentiments, positiv in einer geneigten Aufmerksamkeit für das im Augenblick Gewährte und Gesollte, eine aus Mut und Demut erwachsene Verfügbarkeit (die Distanz und Nähe zugleich beinhaltet und ermöglicht), in der Bereitschaft, das Abenteuer der Liebe und Geistesgegenwart auf sich zu nehmen, ohne sich zu rühmen, die eigenen Schwächen wie die der anderen zu ertragen, ja anzunehmen, ohne ihnen zu verfallen. Man wird die Fruchtlosigkeit eines solchen Lebens sehend auf sich nehmen, das keine Befriedigung, keinen Fortschritt (auch den geistlichen nicht), keine außerordentlichen Prüfungen und Gnaden, keine Visionen und erschütternden Bekehrungen kennt, weil die kleine Bekehrung jeden Tag vollzogen, erlitten und empfangen werden muss. Insbesondere wandelt sich die Dramatik der ‹dunklen Nacht des Glaubens› in eine konturlose Graue, einen anonymen Agnostizismus, in dem Gott nicht mehr vorkommt und die Seele wie in einem Tunnel lebt, und zwar an jener Scheitelstelle, wo Aus- und Eingang gleich weit entfernt zu sein scheinen. Das ist vor allem die Qual des letzten Jahres, die in einem Klima völligen Unverständnisses gelebt wird, da Therese gleichzeitig fast als Hausheilige angesehen und verehrt wird. Eine groteske Situation des Verkanntseins, von ausgesetzter Präsenz.

Gleichzeitig wächst in ihrer Seele eine zärtliche Liebe zu Gott und zur Person Christi, eine unerhörte Vertrautheit, die bisweilen an Zudringlichkeit grenzt. Sie weiß sich als Spielball in der Hand eines Größeren, dem sie sich bedingungslos in die Hand gibt. Ebenso wächst, und dies ist ein anderer wichtiger Zug ihres Weges, mit der Einsamkeit, dem Bewusstsein ihrer Individualität, auch die Verbundenheit mit der Kirche, den Priestern in der Mission. Je mehr sie an sich, ihren kranken Leib und den erbärmlichen Karmel in Lisieux gefesselt ist, desto universaler weitet sich der Kreis ihrer Verbundenheit.

Und vielleicht wiederholt sich die Verkennung und Anonymität ihrer Person wie ihrer Sendung noch einmal in dem Kult, der sich in der ersten Hälfte unseres Jahrhunderts um ihre Person gerankt hat und erst durch die Arbeiten von Ida Friederike Görres, Jean-François Six, Hans Urs von Balthasar u.a. in das rechte menschliche und theologische Licht gerückt ist.

Thomas Merton (1915-1968): Mit ihm (und Ernesto Cardenal, seinem Novizen, Schüler und ‹Meister›) betreten wir eine Bühne, auf der Licht und Irrlicht, Gestalt, Person und Schauspieler nur schwer zu unterscheiden sind. Künstler und kontemplativer Trappist, Europäer und Amerikaner, Schriftsteller und politischer Denker, dem Existentialismus ebenso geneigt wie dem Buddhismus, der Einsamkeit der Zelle ebenso wie dem reisenden Gyrovagentum, ist er ein Mensch, der alle jene Widersprüche bewusst in sich austrägt, die die meisten von uns nur oberflächlich und ein wenig ohnmächtig mit sich herumtragen und zum Ausgleich bringen. In seinem Inneren wie in seinen Schriften widerstreiten einander der Hang zur Eingezogenheit, zur mystischen Beschauung, zum Leben im Bauch des Fisches (Jona) oder auf dem Gipfel des Berges und der Kämpfer für den Frieden, das Kommunikationsgenie, der empfindsame und ausdrucksmächtige Dichter, der Trappist mit dem klassischen Stilgefühl für das monastische Leben, der ‹kleine Bruder›, der das Leben der Ausgesetzten teilen möchte, und der vom modernen Leben eingenommene und zerrissene Zeitgenosse. Christus und Buddha, Bernhard und de Foucauld, Marcuse und Cardenal leben zugleich in seiner Brust und drohen sie zu zerreißen. Ein nachchristlicher Christ, der dieses Geschick als

Teil christlicher Aszese auf sich nimmt; eine nicht mehr von Identität und substantieller Verankerung, sondern strukturell bestimmte und gelebte, flüssige Existenz, der nur das Pathos der Wahrhaftigkeit bleibt und das Bewusstsein, auf diese anonyme Weise die Spannweite des Kreuzes ins eigene Leben hinein aushalten zu müssen. Selten haben sich ausgeprägte Originalität und Verkennung so nah berührt, bis in die Weise seines Todes hinein, dem nichts Heroisches eignet; er stirbt beim Rasieren in einem Hotelzimmer in Bangkok, offenbar aufgrund eines Defekts in der Leitung, wobei sogar noch die Ungewissheit über diesem Tod lastete, ob es sich nicht um einen Selbstmord handele. Wie weit kann die Nachfolge des Gekreuzigten ins Aus, ins Befremdliche führen? Und gäbe es da noch Kriterien der Unterscheidung, nach denen Balthasar so verzweifelt und kämpferisch gesucht hat?

Dag Hammarskjöld (1905-1961): Erst nach seinem Tod, der ihn bei einer Friedensmission im Kongo ereilte, findet man das Geistliche Tagebuch (Zeichen am Weg), das die wirklichen Dimensionen seines Lebens enthüllen sollte. Der schwedische Generalsekretär der UNO erweist sich da als ein Mann, der ohne kirchlich-gemeindliche Beheimatung in bewusster Einsamkeit und Anonymität ein Christentum ohne Abstriche zu leben sucht, worin sich eine ungeheure Kraft der Introspektion, der Scheidung der Geister, des Selbstgesprächs und des Selbstgerichts mit bewegenden Formen tastenden und mutigen Gebets verbinden, in denen sich der Mensch und Funktionär nackt vor Gott darstellt und ausspricht. Es wird nur wenige Dokumente geben, die von einer solchen unsentimentalen Schonungslosigkeit der eigenen Person und zugleich von einer derartig zarten Scheu und Diskretion Gott gegenüber zeugen. Wenn irgendwo, dann ist hier der Weg Blondels und einer aufgeklärten Mystik Wirklichkeit geworden. Je unerbittlicher die Analyse der Motive und Antriebe der eigenen Person voranschreitet, desto unpersönlicher und jenseitiger erscheint diese und als um so stärker von der Präsenz Christi und Gottes erfüllt. Dieser Gott ist ihm zugleich herrscherlicher Er, ferne Instanz, einhüllender Raum, anonyme Macht, unbegreifliche Demut, die sich dem Menschen preisgibt, angerufenes Du, dem man vertraut und vor dem der Beter doch zurückweicht. Ich kenne nur wenige Dokumente, die einen solchen Reichtum an Nuancen des Betens und eines Nachdenkens aufweisen, das sich immer zugleich in und vor Gott vollzieht und in dem sich ein verletzliches Feingespür mit einem fast geometrischen Sinn für Genauigkeit und Angemessenheit des Sprechens vom Absoluten verbinden.

Daraus erwächst bei aller feinsinnigen Aufgeschlossenheit für Dichtung, Musik und menschliche Kultur ein herbes Ethos, das der Kühle und Selbstüberwindungskraft Kants nicht nachsteht. Hier wird alles, auch das innerste Gefühl, der Pflicht geopfert, ohne alles Pathos, ja ohne der Religion dafür als Motiv zu bedürfen, vielmehr aus Einsicht in die eigene Sendung. Die Religion, die unerbittliche Nähe Christi, ist ihm so selbstverständlich, dass sich das Lebensopfer von selbst versteht. So lässt er sich ohne Wehleidigkeit, ohne Ressentiment von den verschiedenen Parteien und widerstrebenden Meinungen zerreißen und zerreiben, ohne jedoch nachzugeben, weich zu werden, sich zu falschen Kompromissen herbeizulassen. Eine Reinheit des Herzens, die unter den Bedingungen moderner Weltpolitik sich zu einer Haltung konkretisiert, in der männlicher Mut und Pflichterfüllung, Wagnis und Nüchternheit, Selbstsicherheit und -zurücknahme, Repräsentation und Anonymität eine unnachahmliche Mischung eingehen.

Simone Weil (1909-1942) und *Dietrich Bonhoeffer* (1906-1945): zwei von Gestalt, Leben und Tod Christi Ergriffene, die auf der Grenze stehen und dieser treu bleiben. Die agnostische Jüdin, die nirgends zu Hause ist, immer unterwegs, von einer Wüste zur anderen, immer kämpferisch (und von Krieg und homerischem Heldentum fasziniert) und aufmerksam-verwundet, jedem Leiden nah und ausgesetzt, immer entlegen und doch auf den jeweiligen Ort ihres Einsatzes fixiert. Eine Johanna von Orléans, die zuviel Platon und Pascal, Proudhon und Kafka gelesen hätte. Sie erträgt all das nicht, womit der Durchschnitt überlebt: die Kunst, zu abstrahieren, abwesend zu sein, sich zu zerstreuen und mit allgemeinen Weisheiten zu begnügen. Sie lebt die ‹contractio›, die Zusammenziehung auf einen konkreten Punkt hin; jeder Augenblick ist ihr Gericht, Wunde, hochnotpeinliches Verhör. Da jeder Mensch vom Unglück punktiert ist, weiß sie sich zum Mitleid verdammt und befreit, teilt das Ungemach, das jeden heimsucht, und lebt so schon im Zeichen Christi, ohne es zu wissen, bis sie in einem mystisch-bräutlichen Erlebnis, in der christlichen Liturgie und im Vaterunser endlich die Mitte ihres Lebens entdeckt. Nicht zufällig ist in diesen Erlebnissen auch die (platonisch gefärbte) Ekstase der Schönheit im Spiele. Die Poesie, das Epos, der gregorianische Choral. Sie lebt in der doppelten Ekstasis des Leidens und des Schönen und in beiden begegnet sie der Wahrheit, der (r)einen Offenbarung Gottes, der wir uns freilich nur indirekt, sub contrario nähern können, weil er sich lediglich sub contrario, unter der Gestalt des Verzichtes, des Kreuzes, des Abstandes offenlegt. Deshalb bleibt sie auf der Schwelle zum Heiligtum, im Kreuzpunkt des Paradoxes stehen, empfängt die Sakramente nicht, obwohl alles in ihr nach ihnen verlangt. Eine Christin draußen vor der Tür, zerrissen zwischen Platon, Homer, dem falsch verstandenen Judentum, dem sie mit hellsichtigem und düsterem Hass begegnet, und einer intimen und tätigen Liebe zu und in Christus.

Ihr Pendant Bonhoeffer lebt in der Kirche, ist in Sakrament, Stand und brüderlicher Gemeinde zu Hause und schaut das Christentum doch mit Augen an, die von außen kommen, so als ob es Gott nicht gäbe. Er sucht, diesen Gott zugleich an den Grenzen des geschützten Heiligtums und deshalb mitten im Leben zu finden, wo jeder Mensch banal und groß, schon alt und noch jung ist, weint und lacht, verängstigt und doch mutvoll seine Bahn zieht. Ein Frommer, der doch so schauen kann, als ob es solche Frommheit gar nicht mehr geben könne; ein von außen Schauender, der sich nicht scheut, fromm zu sein; ein Gläubiger, der ahnt, wie es ohne Glauben in den Herzen und in der Welt aussieht; im Gefängnis frei, auf der Grenze zu Hause, ohne sich der Kirche zu entfremden; im Glauben beheimatet, ohne dem Unglauben gegenüber Ablehnung zu empfinden, mit beiden von innen vertraut, ohne sie falsch zu mischen oder aus der Not eine Tugend zu machen.

Die hier von fern gesichteten Gestalten haben sich fast ohne meine Absicht zu einem ökumenischen Symposion zusammengefunden. Der katholische Laie, die Karmelitin, der Ordensmann und Priester, der protestantische Politiker, die engagierte Jüdin und der evangelische Pfarrer: sie alle vereinen in sich Modernität und Mystik, sie sind aufgeklärt und fromm, tüchtig und innig. Sie haben den Mut zur Einsamkeit, zur Anbetung, zur Anonymität, ohne sich zu scheuen, sich (in) der Öffentlichkeit auszusetzen, den Menschen zugetan und dienlich zu sein. In ihrem Gebet vereinen sich realistische Selbst- und Weltwahrnehmung, ein Bewusstsein von der Fremdheit Gottes mit einer je noch größeren Aufmerksamkeit für seine ansprechende und anspruchsvolle Nähe. Auffallend ihr Pathos der Wahrhaftigkeit, der genauen Beobachtung, der Geistesgegenwart und -schärfe. Es ist, als ob der altrömischen Einheit von pietas, dignitas und virtus unter den kargen Bedingungen nachchristlicher Moderne (oder eben mystischer Aufgeklärtheit) eine unerwartete Renaissance widerführe.

Perücke und Kniefall

Denk- und Darstellungsweise des Barock

Barock, was für ein Wort, wie viel an Einfällen schießt uns durch den Kopf, wenn wir es hören. Stimmen wir uns ein, indem wir zwei Stimmen vernehmen, eine zeitgenössisch-postmoderne und eine andere aus dem damaligen Umfeld.

Signora, ich schreibe Euch, um Euch, als unwertes Zeichen der Huldigung, die welke Rose meiner Trostlosigkeit anzubieten. Und doch erfüllt mich meine Demütigung mit Stolz, und da zu solchem Privilegio verdammt, erfreue ich mich nun gleichsam einer verabscheuten Rettung: Ich glaube, ich bin seit Menschengedenken das einzige Wesen unsrer Gattung, das schiffbrüchig ward geworfen auf ein verlassenes Schiff.[1]

Des „Johannis Angeli Silesii cherubinischer Wandersmann oder Geistreiche Sinn- und Schlussreime zur göttlichen Beschauung anleitend" heben so an: „Gotte, der ewigen Weisheit, dem Spiegel ohne Makel, den die Cherubin und alle seligen Geister mit ewiger Verwunderung anschauen, dem Lichte, welches alle Menschen erleuchtet, die in diese Welt kommen, Dem unerschöpflichen Brunn und ursprünglichen Quelle aller Weisheit, schreibet zu und

---

1 Umberto Eco, *Die Insel des vorigen Tages,* München 1994, S. 11. Der kleine Essay ist der hier nur um einige Anmerkungen ergänzte und leicht überarbeitete Text eines zur Eröffnung der Ferdinand von Fürstenberg-Ausstellung am 17. September 1994 gehaltenen Vortrags. Der mündlich-rhapsodische Stil wurde bewusst bewahrt.

145

richtet wiederum in Ihn hin, diese aus dessen großem Meere gnädiglich hergeronnene kleine Tröpflein, Sein für unablässliches Verlangen Ihn zu schauen Allezeit sterbender Johannes Angelus." Soweit als Einstimmung dieses uns allen aus den Gesangbüchern bekannten Zeitgenossen Ferdinands von Fürstenberg.

Auftakt und Bühne

Da öffnet sich ein für alle Mal der Horizont des Ewigen, wird unsere Einbildungskraft angestachelt. Und ohne eine solche kann man vom Barock nichts verstehen, ohne eine mächtige sinnlichgeistige Vorstellung und eine ebensolche vitale Freude an der Aufführung: von Schloss Neuhaus nach Versailles, von Leibniz zu Ludwig XIV. Nur so entsteht das geistige Profil einer Epoche: zwischen Descartes und Pascal, Cervantes und Grimmelshausen, Andreas Gryphius und Angelus Silesius, Rubens und Rembrandt, Caravaggio und Velasquez, Melk und Banz mit Vierzehnheiligen, S. Ignazio und Palazzo Barberini, endlich der Marktkirche in Paderborn. Was gibt es hier zu sehen, zu empfinden, zu deuten und verstehen?

Leitmotive und -perspektiven

Das 17. Jahrhundert wird oft als Zeitalter des hl. Augustinus bezeichnet. Es ist, als ob die Schwellenzeit der ausgehenden Antike den Aufgang der Neuzeit grüßte. Als ob die Wucht der Sprache Augustins, die selbstbewusste Demut seiner Bekenntnisse, die geschichtlichen Visionen seines ‹Gottesstaats›, die Empfindsamkeit seiner Mystik, die Kraft seiner rationalen und selbstreflektierten Spekulation, das Mitsammen und Pathos von Schuld und Eros, Gnade und Libido,

Vorsehung und Freiheit, weltlicher und kirchlicher Macht hier neu erstünde, sich kühn und wild präsentierte.[2]

Dies freilich in extremer Gespanntheit der Pole, in paradoxer Konstellation, einem Pathos des Zuviel an Gnade und Freiheit, an Demut und Gewalt, es ist da etwas Pralles, Hochfahrendes, das uns heute verprellt.

Das Zuviel ist für mich ein Anzeichen der Geburtswehen der Neuzeit. Man könnte im 17. Jahrhundert die Alchimistenküche der Moderne sehen (die wohl erst mit der Amerikanischen Unabhängigkeitserklärung und der Französischen Revolution beginnt). Die künftige Aufklärung/Rationalität und Romantik proben gleichsam erst einmal den Aufstand.

Die fährliche Geburt der Moderne geht einher mit dem offenen Kampf um die Leitmedien von Religion und Gesellschaft: Hostie oder Wort, Hostie oder Geld. Welcher dieser Werte ist elementarer, liquider, verleiht mehr Ansehen, ist eintauschbarer, lebensvermittelnder, bestimmt die Erfahrung und Wandlungsmächtigkeit von Wirklichkeit und Geschichte?[3]

---

2 Augustin scheint ein Autor für Achsen- und Wendezeiten zu sein, so für das 16./17. und das 20. Jahrhundert. Dazu Charles Taylor, *Quellen des Selbst. Die Entstehung der neuzeitlichen Identität*, Frankfurt 1996; Luigi Alici (Hg.), *Agostino nella filosofia del Novecento*, 4 Bände, Rom 2000-2004; Gaetano Lettieri, *Il metodo della grazia. Pascal e l'ermeneutica giansenista di Agostino*, Rom 1999.

3 Bernhard Groethuysen, *Die Entstehung der bürgerlichen Welt- und Lebensanschauung* (1927), Frankfurt 1978; Jochen Hörisch, *Brot und Wein – die Poesie des Abendmahls*, Frankfurt 1990; ders., *Gott, Geld, Medien*, Frankfurt 2004; zum philosophischen Hintergrund: Jean-Pierre Schobinger, *Die Philosophie im 17. Jh.*, Bd. 2,1-2, Basel 1993.

Dass sich das alles in seinem Zuviel, seiner Gespanntheit noch einmal repräsentativ-sichtbar, symphonisch fügt, glanzvoll aufführt, subtil bedacht und im Drama der Seelen ekstatisch gelebt und ausgetragen wird, macht aus dem Barock die letzte große christkatholische Kultursynthese, in welcher Gnade und schöpferische Freiheit, Fleisch und Geist, Eros und Tod sich so miteinander steigern, dass sie auf die Transzendenz verweisen und diese zugleich darstellen.[4]

Geistesgeschichte als Drama:
Alchimie der Gegensätze und Ekstasen

Vom Dreißig- bis zum Siebenjährigen Krieg ist die Barockzeit, von Kampf und Krieg versehrt, eine Epoche ungeheurer Gewalt. Macht wird ostentativ vorgeführt, verstrickt sich in nationalen und konfessionellen Gegensätzen, behauptet und verzehrt sich. Dem Barockstil eignet dementsprechend eine erobernde, alles ein- und mitreißende Allüre, besonders deutlich in der völligen Umgestaltung der Konvente und Kirchen. Es ist, als ob die Wandlungsmacht der Kirche und des Sakramentes alles mitzöge und sich einverleibte.

Das spiegelt sich in Kleidung, Gestus, Liturgie, Gehabe, ein seltsames Oszillieren zwischen Überhöhung, Aufsteilung (Perücke, Hochaltäre, Herrscherportraits, Hofhaltung selbst der Künstler, etwa bei Rubens, Rhetorik des Überschwangs) und Demut, dem Bewusstsein der Ohnmacht, Todesverfallenheit, dem Kniefall vor dem wahren Herrscher. Zuviel an Glanz, zuviel an Tod, an Machtgepränge und Aszese, an Re-

---

4   Marc Fumaroli, *L'école du silence*, Paris 1994; Giovanni Macchia, *Il teatro delle passioni*, Milano 1993; Benedetta Craveri, *La civiltà della conversazione*, Milano 2001; zum geistesgeschichtlich-theologischen Rahmen: Franz Joseph Baur, *Erlöste Endlichkeit*, St. Ottilien 2000; Margit Eckholt, *Vernunft in Leiblichkeit bei Nicolas Malebranche*, Innsbruck 1994.

präsentation und an Innerlichkeit. Man denke an die Damen und Herren von Port-Royal, die Gedichte von Gryphius, die Grabmäler (etwa der Fürstenberger), endlich die Hostie, die unscheinbare weiße Scheibe, das eucharistisch ausgeteilte Brot in der Monstranz, von einem monströsen Hochaltar umgeben und das Kreuz, theatralische Bühne des leidenden Gottes, vor dem selbst ein Herrscher wie Ludwig XIII. hinsank (das berühmte Gemälde von Philippe de Champaigne).[5]

Rausch des Alles-Wollens und Reduktion bedingen sich hier einander. Sinnliche und geistige Unersättlichkeit und Fülle wie die ebenso herbe Kunst der Einschränkung, Aszese, Mathematisierung. Finesse bis zum Empfindsamen, Preziösen und Koketten auch, Zentrierung bis zur elementaren geometrischen Form, beides bestimmt die Wissenschaft wie die Architektur und Kunst. Man denke an ein Genie wie Leibniz, an die dialektische Kunst Pascals, an die Inszenierung der großen Kirchen, die sich aber auch ins Bäuerlich-Alltägliche transponieren ließ.

Zu groß waren Glaube und Unglaube und ihr Zusammenstoß, der doch oft nur unterirdisch, im Geheimen erfolgte. Da sind die Libertins und Enzyklopädisten, die Skeptiker und Naturalisten, die das Christentum schon von außen sehen, als obsolet betrachten, sodann die aufstrebenden bürgerlichen Schichten und Handeltreibenden, endlich die Moralisten, denen es um Verkehrsregeln im Umgang, um psychologische Klugheit oder Raffinesse und (in der Welt

---

5   Anregend, wenn auch anfechtbar die Schilderungen bei Egon Friedell, *Kulturgeschichte der Neuzeit*, Bd. 1, München 1987, S. 411-648; ferner Anton L. Mayer, *Die Liturgie in der europäischen Geistesgeschichte*. Darmstadt 1971, S. 97-184. Zur mystischen Dimension der Malerei im 17. Jh.: Olivier Bonfait (Hrsg.), *Il Dio nascosto. I grandi maestri del Seicento e l'immagine di Dio*, Rom 2000.

der Höflinge) das Durchschauen der Intrigen, der Komplexität dieser Welt geht. Angesichts dieser schleichenden Entwirklichung und Dezentralisierung des Christentums wird es in seiner Präsenz überbetont; die Religion bäumt sich gleichsam vor den Anzeichen ihres Entschwindens noch einmal auf, inszeniert sich auf unerhörte, außerordentliche Weise und greift auf ebenso ekstatisch-exotische Mittel zurück, weil sie sich gefährdet sieht. Von daher das Verrenkte der Statuen, das Visionäre, die Überakzentuierung des gewaltsamen Todes (Märtyrer) wie der Glorienjenseitigkeit.[6]

All dies spiegelt sich in der Reflexionswelt des Subjekts, das um seine Souveränität und seine Brüchigkeit weiß. Man denke nicht nur an die Meditationen des Jesuitenschülers Descartes, sondern an die Serie der Selbstbildnisse Rembrandts (welche Selbstbewusstheit, welcher Glanz, was für eine gnadenlose Zeichnung der Hinfälligkeit und des Scheiterns, was für ein Licht von fern her, das alles genau sehen lässt und doch umhüllt, verwandelt), die Portraits, welche die Person frontal und in doppeltem Profil darstellen (Richelieu, gesehen von Philippe de Champaigne, der später Meditationsbilder für seine in Port-Royal eingetretene Tochter malt). Bewegend das einzige Gemälde des 23-jährigen Johannes Gumpp, dem wir vom Rücken her beim Malen seines Selbstbildnisses zusehen, das sich im Spiegel betrachtet (1646). Welcher Glaube wäre dieser reflektierten Darstellung, diesem Wissen um die eigenen Abgründe, dem Labyrinth der sich überschneidenden Perspektiven (‹Las meninas› von Velasquez) gewachsen?

---

6 Paul Hazard, *Die Krise des europäischen Geistes (1680-1715),* Hamburg 1939; zur Moralistik: Hans Peter Balmer, *Philosophie der menschlichen Dinge,* Bern u.a. 1981; Patricia Oster, *Das dezentrierte Ich. Phänomenologie der Zerstreutheit im Siècle Classique,* in: Aleida und Jan Assmann (Hg.), *Aufmerksamkeiten,* München 2001, S. 265-285.

Das Christentum stellt sich nun zum letzten Mal in großer Äußerlichkeit dar, der unerhörten Pracht der Bauten, Riten, Prozessionen und weltlichen Ansprüche, andererseits in
der Eroberung der Innerlichkeit, die sich freilich selbst nicht
im Griff hat, sondern sich im Kern der Freiheit enteignet
weiß. Das Drama um Gott und Wirklichkeit verlagert sich
in den nackten Glauben, das Hin und Her zwischen Sünde
und Gnade, Gottesferne und neu zugemuteter Nähe bis zum
Wahnsinn, in welchem die Fremdheit Gottes wie des Glaubens in dieser Welt an Leib und Seele der Mystiker ausgetragen und ansichtig wird (so der Fall von Surin, wie ihn
Michel de Certeau beschreibt). Hinzu kommt die übermäßi-
ge Rationalisierung der Vernunft und der Wissenschaft, die
sich selbst unheimlich ist (wie bei Descartes) und noch nicht
aus sich begründen kann. Ratio und Mystik, beide bis zum
Exzess befördert, beide vom dräuenden kollektiven und in-
nerseelischen Wahnsinn umdräut. Von daher das Drängend-
Ekstatische, polar Gespannte, Antagonistische der Zeit.[7]

Je stärker die Ratio wird, desto aufgebrachter und tiefer die
Mystik; je abgründiger die Mystik, desto zweifelnder und
dialektischer die Vernunft; je mehr die Natur siegt, desto
abseitiger und betonter die Suche nach der Übernatur und
der Erfahrung des Wunders (wie nah liegt das bei Newton
und Pascal); je ungebärdiger die Macht, desto dräuender die
Schuld; je mächtiger und selbstreflektierter die Freiheit, desto deutlicher ihr triebhaft-widersprüchlicher Abgrund und
der notwendige Appell an die Gnade; je mehr man das Pro-
prium des Christlichen betont, die Macht der ohnmächtigen
Gnade, desto dramatischer präsentiert sich die Beziehung

---

7 Zu Michel de Certeau: Daniel Bogner, *Gebrochene Gegenwart*, Mainz
2002. Zu Descartes und P. Surin: Frédéric Le Gal, *La folie saine et sauve.
Pour une théologie catholique de la folie sainte*, Paris 2003, S. 389–470.

von Glaube und Welt, umso obsoleter stellt sich freilich auch das Christentum dar. In alldem ist das 17. Jahrhundert ein weites, offenes Kampffeld, ein Laboratorium für die Aporien und Chancen der künftigen Moderne und des ihr erschwinglichen oder fremdgewordenen Mysteriums. Man bedenke nur: das ‹Handorakel› des Jesuiten Baltasar Gracián wird ausgerechnet von Schopenhauer ins Deutsche übertragen oder eine Gestalt wie Pascal von Guardini für die heutige karge Glaubensgestalt und von Lucien Goldmann für einen tragischen Agnostizismus beansprucht und ausgelegt.[8]

Strittiges Christentum: Polarität und Wandlung

Die bewegten Gegensätze werden nun in wunderbarer Weise zu Innenspannungen der Theologie und Glaubenswelt, führen zu einer Steigerungs- und Wandlungsdynamik zwischen den Polen. Himmlisches und Irdisches, Fleisch und Geist, Eros und Agape, Freiheit, Schuld und Gnade überkreuzen sich, verwerfen einander, durchdringen sich. Ja, Himmlisches wird allzu irdisch, die sich neigende Gottesliebe erscheint in sinnlicher Erotik (man denke an die Skulpturen Berninis); das Fleisch strebt nach Verklärung, der Geist wird in geradezu empörender Weise Fleisch. Gnade und Freiheit können sich bis zur Ununterscheidbarkeit identifizieren oder in ein tödliches Duell geraten, all die Fragen und Einsichten des Augustinus kehren nach Luther verschärft wieder und werden zwar kunstvoll, dialektisch-dramatisch dargestellt, disputiert, theaterwirksam repräsentiert, aber bleiben (bis Kafka) im Grunde ungelöst. Wie stehen Kreuz und Macht zueinander, Schuld, Gnade und Gericht, Lebenswille und

---

8 Romano Guardini, *Christliches Bewusstsein. Versuch über Pascal (1936)*, München 1950; Lucien Goldmann, *Der verborgene Gott (1955)*, Neuwied 1973.

Todesgeschick? Ein letztes Mal erlebt der religiöse Mensch das Geheimnis der Wandlung von Leib und Seele, von Innen und Außen, in Kult und Seelenführung, in Andacht und Poesie, Theater und Musik (man denke an die Choräle, Kirchenlieder der Zeit: Neander, Paul Gerhardt, Friedrich von Spee, Angelus Silesius, Heinrich Schütz bis hin zu Terstegen und Bach). Und die großen theologischen Streitfragen und -parteien suchen inmitten der gespannten Polaritäten das Mysterium neu und kühn zu sagen, auszubuchstabieren: die Jesuiten und Jansenisten, die Orthodoxie und der Pietismus.

Vielleicht ist der Streit um die reine Liebe zwischen zwei großen Bischöfen, Bossuet und Fénelon, hier bezeichnend: da geht es neben viel Politik um die Fragen des Verhältnisses von Glaube und Mystik, Vernunft und Glaube, Wille und Gnade, Intentionalität und Wirksamkeit, Wirklichkeit und Gottgegenwart. An diesem Disput, in geschliffenem Französisch und noch geschliffenerer Dialektik ausgetragen, nahm das ganze zivilisierte Europa teil. Zum letzten Mal hatte eine Frage nach dem Wesen des Christentums und seinem Bezug zur Lebensphänomenologie die Kultur des Kontinents bewegt. Beide waren Höflinge, Literaten, Pädagogen, hochgemut und doch schon verzweifelt Gläubige, die Welten zusammenhalten wollten und mussten, die einander entglitten. Und ist es Zufall, dass der Verteidiger einer reinen, absichtslosen Gottesliebe, also einer ins Extrem getriebenen Mystik den meistgelesenen Bildungsroman des 18. Jahrhunderts geschrieben hat und von den Aufklärern verehrt wurde?[9]

---

9   Zum ganzen Aufsatz als Hintergrund unerlässlich: Henri Bremond, *Histoire littéraire du sentiment religieux en France*, 11 Bände, Neudruck, Paris 1967-68. Zu Fénelon: Robert Spaemann, *Reflexion und Spontaneität* (1963), Stuttgart 1990; Henri Gouhier, *Fénelon philosophe*, Paris 1977;

Weltenspiel, inszenierter Schein und Glaubensernst

Alchimistenküche, Theaterbühne, Laboratorium, Geburtswehen, das waren einige der Bilder, die unseren Gang begleitet, unsere Orgelsymphonie orchestriert haben. Der barocke Mensch muss eine ungeheure Fassungskraft besessen haben, all die gesicherten und erlebten Widersprüche doch noch zu bannen, unter einer Kuppel zu einen, sie zu überwölben, in Paradox und complexio zu denken, darzustellen und zu leben. Selbst der Alltag war in Ordenskreisen, Volksfrömmigkeit und pietistischen Zirkeln von Glaubensernst und Weltgestaltung geprägt. Dies freilich nicht ohne Überschüsse und Fehlstellen. Das Illusionäre, Fiktive, Fassadenhafte ist wenigstens für unser Auge ebenso deutlich wie das Willkürliche, Assoziative in Lebens- und Schreibstil, das klaffend Widersprüchliche, das Kostümierte, das Zuviel an Dunkel und Licht, Grausamkeit und Frömmigkeit, Glorie und Erdverhaftung. In dieses Zuviel an Christlichem und Nachchristlich-Vormodernem drängt sich das Heidnisch-Antike, das sicher oft nur Zitat, Kostüm, Bildungsversatz, mehr aber noch Bildschema, Vorstellungsreservoir, Medium, Grammatik des Weltverstehens ist (wie heute der Film), weil offenbar die christlichen Kategorien von Schuld und Erlösung, Natur und Gnade das differenzierte Welterleben nicht mehr zu fassen vermögen. Die Leidenschaften des Menschen und seine geschichtlichen Erfahrungen zwischen Größe und Elend, Krieg und Frieden, Leidenschaft und Aszese, Gewalt und Rache und Lösung lassen sich nicht christologisch begreifen, einfangen, bewältigen, sie brauchen ein anderes Instrumentarium als das des Mittelalters. Ob da die Götterwelt der Antike ein erstes Interpretament war, eine Vermittlung zwi-

---

Gabriele Perrotti, *Il tempo e l'amore. Metafisica e spiritualità in Fénelon,* Napoli 1994.

schen. Welt und Überwelt, zwischen Vergangenheit und Zukunft, Geschichte und Utopie, die dem glückenden Kairos, dem Stolz des Gelungenen ebenso eine Anschaulichkeit zu verleihen wusste wie dem Tragischen des Widerspruchs, der das Leben zerklüftet und zeichnete?

Rückkehr nach Paderborn

„Es entbieten dir ein Salve, Rom, Paderborn, und Balve", so könnte man mit einem Patronatslied aus der Provinz singen. Wir kehren ein in Paderborn, zurück zu Ferdinand. Eine Existenz zwischen Rom, Paderborn, Paris und Wien. Da ist der ekstatisch-festliche Barock der Ewigen Stadt und das eher Raumhaft-Trutzige, Plastische, Ungelenk-Machtvolle des Barock in Westfalen: Vergleichen wir die Deckenfresken, den Triumph des Ignatius in S. Ignazio oder sein pompöses Grabmal in Rom (was hätte der Heilige selbst wohl dazu gesagt, jener hinkende, kahlköpfige Glaubensritter, zu einem solchen Illusionstheater ...?) mit dem Altar in der Marktkirche, dem seltsam wuchtigen Rahmen für ein eher schwebend vorsichtiges Altarblatt. Und was sollen wir zur Inszenierung der Arbeiten des Pietro di Cortona, des Bernini oder Borromini sagen, zum spanischen Mysteriendrama, zur Hofhaltung in Versailles, wo die Beichtväter mit ihrem politischen Einfluß fast so wichtig waren wie die Maitressen? Wie fern ist uns ein solches Leben zwischen Perücke und Kniefall! Und doch: Sind wir Postmodernen am Ende dieser Geschichte besser gewachsen den gewaltigen Wirklichkeiten von Geburt und Tod, Macht und Ohnmacht, Eros und Agape, den unendlichen Ansprüchen unserer Freiheit, unseres Eros und Glücksverlangens. „In Paris war ihm die Welt wie eine Bühne erschienen, auf der sich täuschende Figuren tummelten und auf der jeder Zuschauer jeden Abend etwas anderes sehen und bewundern wollte, als ob die gewöhnlichen Dinge, auch wenn sie wunderbar waren, niemanden mehr erleuchteten und nur noch die ungewöhnlich ungewissen oder ungewiss ungewöhnlichen das Publikum zu erregen vermochten. Während die Alten gemeint hatten, auf eine Frage dürfe es immer nur eine Antwort geben, bot ihm das große Theater von Paris das Spektakel einer Frage, auf die man in den unterschiedlichsten Weisen antworten konnte. So hatte Roberto beschlossen, nur die Hälfte seines Geistes den Dingen zu widmen, die er glaubte (oder zu glauben glaubte), um die andere Hälfte frei zu haben für den Fall, dass sich das Gegenteil als richtig erweisen sollte."[10] Anders als der Barock, haben wir für unser unendliches Streben und Sehnen nach Steigerung, Intensität und Ausdehnung, nach Mobilität und Kommunikation, nach Innerlichkeit und Reflexion keine Fassung, keine Frömmigkeit, keine Form der Andacht, keine vital gelebte Religiosität. Wir sind überaufgeklärt und überromantisch, analytisch und verwirklichungsbesessen, allein es fehlt der Gott, es fehlt die Form, vor und in denen wir unser Leben fassen, begreifen, relativieren könnten. Einstweilen müssen wir es bei Restaurationen und Ausstellungen bewenden lassen, Notstandsmaßnahmen, Experimenten, um womöglich das Christentum, seine großen Lebensthemen und Mysterien neu zu entdecken. Manchmal denke ich, dass die großen symphonischen Leistungen der Systematischen Theologie im 20. Jahrhundert, das homerische Epos des Christentums bei Barth (10.000 Seiten in 13 Bänden) und die Trilogie Balthasars (ebenso viele Bände als Theo-Ästhetik, Theo-Dramatik, Theo-Logik) oder solche triumphalen Gestaltungen der Glaubenswelt bei Claudel oder der Apokalyptik, der Unmöglichkeit des Christlichen bei Dürrenmatt, als Varianten des Barock gelesen werden könnten.

---

10   Vgl. Eco (s. Anm. 1), S. 273.

So grüßen Eingang und Ausgang der Moderne einander. Und vielleicht hat das Barocke uns doch mehr für unseren Weg ins Irgendwo zu sagen, als wir anfangs vermeinten. Als Gruß ein offener Beschluss:

Freund es ist nun genug. Im Fall du mehr willst lesen,
So geh und werde selbst die Schrift und selbst das Wesen.

(Angelus Silesius, Cherub. Wandersmann VI. 263)

Frömmigkeit und Weltethos
bei Schleiermacher und Sailer

Der vorliegende kleine Essay möchte zwei parallele Viten unter der Hinsicht betrachten, wie es möglich war, zwischen Aufklärung und Romantik, Idealismus und Christentum auf intelligente und fromme Weise Kirchendiener zu sein und zu bleiben, und dies so, dass Vernunft und Frömmigkeit, passives Berührtsein von Gott und Freiheit, Mystik und Weltethos sich in ihrer Existenz und ihrem Denken mit- und aneinander steigern konnten: das vernehmende und gottverbundene Herz und Gewissen, das freie und reflexive Gemüt, der differenzierte und freigiebige gesellige Weltumgang. Dieser Rhythmus bestimmte schon Fühlen, Denken und Handeln von Pascal und Fénelon am Übergang zur Aufklärung, er unterfängt und kennzeichnet auch unsere beiden Gestalten an ihrem Ende. Es ist, als ob mit ihnen eine elementare und reflexe, gelöste und authentische Form des Christseins gefunden und geübt würde, die nicht unter das Niveau neuzeitlichen Weltempfindens fiele.

Friedrich Schleiermacher (1768-1834)

Die Stich- und Losungsworte lauten für Schleiermacher: Anschauung und Gefühl des Universums als Urvollzug von Religion jenseits aller Metaphysik und Ethik, Frömmigkeit, inspirierte Freiheit und freie Geselligkeit, darstellender Ausdruck und einfühlendes Verstehen, Ethos und Eros; für Sailer: Gottinnigkeit, Frömmigkeit, Andacht, Gewissen, Moral, Liebe, Humanitas, Bildung Freundschaft. Damit eröffnet sich das Spielfeld, dessen auf Gott und Christus hin eröffnete Strukturdynamik nun zu beschreiben ist.

Schleiermachers religiöser und geistiger Werdegang ist bestimmt von der pietistisch-herrnhutischen Erziehung und der scharfen Absetzung von ihr (der bewegende Briefwechsel mit dem Vater) sowie dem Studium in Halle (Semler, Eberhard), das ihn mit der Welt Platons und Kants wie der Bibelkritik und einer von ihnen angeregten freien Auslegung des Christlichen vertraut machte. Der junge Präzeptor versucht die ersten tastenden Schritte ins Predigeramt in der familiären Atmosphäre der Hausgottesdienste. Da finden sich schon alle Motive seiner künftigen Welt beisammen: Gottinnigkeit und Geselligkeit, Jesus als Modell inspirierter Freiheit und freien Selbstausdrucks des Gemütes, in denen man das Unendliche des Universums erspüren und anschauen könne. Ein solches Predigen weckt den religiösen Sinn des Einzelnen, indem es dessen Gottunmittelbarkeit achtet und fördert.

Da ist keine Dogmen- oder Moralpredigt, vielmehr versucht man sich über den individuellen und doch geteilten Glauben zu verständigen, dessen gemeinsame Tradition zu erinnern, in seiner Freiheit zu atmen, sich über ihn auszutauschen, und dies alles auf dem Boden und im Raum des Gefühls der Frömmigkeit. Solche indirekt-mystagogisch-maieutische Mitteilung enthält in nuce das differenzierte Mitsammen von Glaube und Ethos, Dialektik, (Produktions- und Rezeptions-) Ästhetik und Hermeneutik: jeder Mensch stellt die Menschlichkeit in unvertretbarer Weise dar, empfängt und schafft sich seine Welt, Sprache und Aura, ist inspirierte und ausdrucksmächtige Freiheit, die ihrerseits verstanden und ahnend nachvollzogen werden kann und muss.

Diese Differenziertheit rettet Schleiermacher auch in Nähe und Distanz zur frühromantischen Bewegung, indem er mit und gegen Schlegels Propagierung der Einheit von Leben, Kunst und Religion, von Eros, Sollen und Freiheit (und deren angemutete Unendlichkeit) die endlich-verwundbare Leiblichkeit des Ich und des Anderen und die nötige Scheu/ Scham erinnert, die Ästhetik und Ethos unterscheidet, ohne sie zu trennen. In der ‹Weihnachtsfeier› sind es angesichts der aufgeklärt-disputierenden Männerwelt die Frauen, das Kind (Sophie), die Musik, der gemeinsam gesungene Choral und der fremde Gast (Joseph), die als Boten und Inbilder diese Unterscheidungen erinnern und wach halten und der darin möglichen Epiphanie des göttlichen Kindes den Raum bereiten.

Religion ist deswegen nie nur Gründung oder Verlängerung von Metaphysik und Moral, vielmehr eine eigenständige Weise der Wahrnehmung des Subjekts wie des Gesamt der Welt, die zu nichts nütze ist und deshalb in freier Herrlichkeit vielem dient und frommt; man kann sie als Anschauung des Universums und reifer als Gefühl schlechthinniger Abhängigkeit bezeichnen, die aber eben nur Gott gegenüber geschuldet und wirklich ist und alle anderen, auch religiö-sen, Götzen relativiert.

Der Begriff des Gefühls versammelt eine lange Vorgeschichte in sich, in welchem sich Mystik und Aufklärung merkwürdig begegnen und herausfordern: Pascal, Fénelon, Pietismus, Hume, Rousseau, Shaftesbury, Jacobi. Er erinnert den Primat des passiven Affiziertseins inmitten noch so großer und wacher Selbst- und Weltgegenwart, den Vorrang heteronomen Bestimmtseins vor allem Erkennen und Handeln, in welchem das Subjekt in seiner Freiheit sich vorreflex als sich selbst vorgegeben widerfährt. Diese Konstellation von transzendentaler Vorgegebenheit und unbedingter Abhängigkeit kann sich spontan und in der ersten Reflexion nur auf die freie(nde) Instanz des Absoluten, auf Gott als den mitbewussten Ursprung und Garanten der Freiheit eines jeden Subjekts beziehen. Dieser bestimmt die Freiheit von innen und macht sie gerade darin frei von der Welt und für sie.

Eine solche vorreflexe Selbstgegenwart, die sich im Kern ihrer Beziehung zu jenem Absoluten, das sie zu sich selbst hin absolviert, inspiriert und befreit, bewusst ist, ist hoch dialektisch bestimmt: sie ist passiv und spontan, jede Differenz wahrnehmend und wertend, vorbewusst-unmittelbar und doch reflexiv, empfänglich-gegeben und doch schon reagierend, deutend und sich als abhängig-deutende setzend, apriorisch und doch schon je vollzogen, geboten und je neu zu vollziehen, transzendental und empirisch und deswegen deskriptivphänomenologisch und transzendental-reduktiv zu erhellen.

Mit diesem Lesevorschlag, der sich auf Osculati, Moretto, Korsch, Potepa, Rudolph und Jüngel[1] stützt, hoffen wir, den Einwänden von Christe, Pröpper und Wagner[2] zu begegnen, die einen Hiatus zwischen diesen Polen bei Schleiermacher glauben konstatieren zu müssen; im Übrigen wird man ähnliche Kritiken auch der transzendentalen Erfahrung Rahners gegenüber finden.[3]

---

1 Vgl. Beiträge von Roberto Osculati und Giovanni Moretto in: Giorgio Penzo / Marcello Farina, *F.D.E. Schleiermacher tra filosofia e teologia*, Brescia 1990; Dietrich Korsch, *Dialektische Theologie nach Karl Barth*, Tübingen 1996, bes. S. 109-129, 257-272; Maciej Potepa, *Schleiermachers hermeneutische Dialektik*, Kempen 1996; Enno Rudolph, *Theologie diesseits des Dogmas*, Tübingen 1994, S. 71ff., 117ff., 182ff; Eberhard Jüngel, *Indikative der Gnade – Imperative der Freiheit*, Tübingen 2000, S. 252ff., 330ff.

2 Vgl. Wilhelm Christe, *Kirche und Welt*, Frankfurt 1996, S. 14-46, 53ff., 265ff.; Thomas Pröpper, *Evangelium und freie Vernunft*, Freiburg 2001, S. 129-152; Falk Wagner, *Was ist Theologie*, Gütersloh 1989, S. 47-72.

3 Zur denkwürdigen Wahlverwandtschaft zwischen Schleiermacher und Rahner vgl. Bernhard Pfeiffer, *Schlechthinnig abhängig – radikal herkünftig*, in: FrZPHTh 42 (1995), S. 69-100.

Als entfernte Analogie zu jenem Gefühl wird man das Takt-
empfinden beiziehen können, in welchem sich Sinn und
Sinne, Eros und Ethos, extreme Passivität im Berührtsein
und wachwertende Wahrnehmung der Vereinbarkeit des Ge-
genstandes mit der Personalsphäre, dem Freiheitsempfinden
und der Verantwortung des Subjekts sowie dessen Einfühlung in die Freiheit des anderen miteinander vollbringen
wie aneinander schärfen und verfeinern. Konrad Stock hat
gezeigt, dass die Wahrnehmung der meine Freiheit grün-
denden Abhängigkeit in die Liebe zum Anderen als individuell Allgemeinem so eingeht, dass wir einander in unserer
Gottunmittelbarkeit achten, berühren, beistehen, erschließen und erheben.[4]

In alldem ist das Wesen des Christentums einleuchtend
erhellt. Christus stellt das vollkommen freie und gefreite Bewusstsein dar, das unter den Bedingungen seiner geschichtlich bedingten Hemmnis und Entfremdung sich
ganz als Gott und der Welt erschlossen und darin auch als
selbstmächtig und souverän erweist und im Geist den Menschen gegenwärtig ist. Über den Hiatus zwischen der reli-
gionsphilosophischen Erschließung und der geschichtlichen
Einlösung von Bewusstsein und Leben wie schon die merkwürdige Unterbestimmung der Sünde wird viel besprochen.
Letztere soll im Konflikt zwischen sinnlichem und geisti-
gen Selbst ihren Ursprung haben (und nicht, wie man meinen könnte, in der Konkurrenz von gefreiter und sich selbst
bestimmender Freiheit, also in der Zweideutigkeit des sich
vernehmenden und deutenden Gefühls) und ist viel diskutiert.[5] Man wird nur darauf hinweisen können, dass die Er-

---

4   Konrad Stock, *Gottes wahre Liebe*, Tübingen 2000, S. 62-74, 215-220.

5   Vgl. Christe, *Kirche und Welt*; Markus Schröder, *Die kritische Identität
    neuzeitlichen Christentums*, Tübingen 1996; Korsch, *Theologie*.

schließung des ‹Wesens› des Christlichen sich stets zwischen mystischer Binnenerfahrung (M. Eckhart, Angelus Silesius) und phänomenologischer Außensicht, von Anthropologie/Erfahrung/transzendentaler Deduktion und geschichtlichem Glauben bewegt. Diese Ambivalenz ist gerade seine befreiende und hilfreiche Pointe.

In alldem ist die Einheit der Ethik und ihre differenzierte Ausgestaltung und Einlösung begründet. Es ist hier keine reine Gesetzes-, Sollens- oder Gesinnungsethik, Tugend- oder Güterlehre zu erwarten, vielmehr wird ihr ganzheitlich-differenziertes Zugleich erhoben, das auf dem einheitlich-vielschichtigen Grund des Gefühls als dem Vollzug verstehenden In-der-Welt-Seins beruht und dem Wachsen der Menschheit in jedem Einzelnen und seinen verschiedenen Lebensdimensionen dienen will. Wo ein jeder sich und den anderen als autonom und in seiner Autonomie als schlechthin abhängig, als geschuldete und einzulösende wie, geschichtlich gesehen, als schuldig gebliebene und begnadete Freiheit erfährt und weiß, kann die Ethik nur Ausfaltung dieser Ureinsicht, Beitrag zur Verwirklichung des verstehend-verständigen, geselligen, sich frei darstellenden und die Welt verantwortlich organisierenden Subjekts in den verschiedenen, unvermischten und doch einander stützenden Bereichen von Familie, Freundschaft, Kirche, Akademie und Staat sein. In und zwischen diesen Kommunikationsformen soll Freiheit herrschen und gefördert werden: eine Kulturtheorie freier Geselligkeit, die den ersten Intuitionen des jungen Predigers entspricht und sie nun vielfaltig objektiviert und auslegt. Die differenzierte Einheit des Empfindens garantiert und fördert die Differenz der Welten und ihre jeweilige Freiheit.

Von daher wären das komplementäre Verhältnis[6] der philosophischen und theologischen Ethik sowie die drei Ansätze zu ihrer Systematisierung zu würdigen, in denen Sollens-, Güter-, Tugendlehren sich eigentümlich mischen und herausfordern. Nie ist hier Religion Mittel, sondern alle Bereiche sind Selbstzweck und doch einander zugeordnete, korrelierende Hilfe. Die Kräftigkeit des Gottbewusstseins garantiert gerade in seiner auferlegten Freiheit die korreflexive Selbständigkeit der Subjekte wie der einzelnen Lebensbereiche,[7] deren Gestalt im Übrigen nicht erfunden, sondern geschichtlich vorgefunden, empfangen und darin je neu zu gestalten ist. Wie Pascal geht Schleiermacher hier unterscheidend, beobachtend, umsichtig-realistisch vor. Dass er dabei in seinen Grundbegriffen und -anschauungen (Freiheit-Leben, Sünde-Natur-Sinnlichkeit) schwankend bleibt und etwa den geschichtlich-eschatologischen Entscheidungscharakter der Freiheit zugunsten ihrer Lebendigkeit vernachlässigt und deshalb auch die Wirklichkeit der Sünde unterbestimmt, sei nicht verschwiegen.[8]

Die praktisch-biographischen Optionen und Folgen dieser Grundansichten sind weitreichend: bei großer, auch patriotisch gestimmter Treue zu Staat und Kirche betont er den Vorrang des Einzelnen in seiner Gottunmittelbarkeit, der Freundschaft, der Familie und endlich des Geistes vor allem formellen Buchstabenwesen und jeglicher Bevormundung. Er ist der französischen Revolution geneigt und wird doch von den Franzosen aus Halle vertrieben, Mitbegründer

---

6 Vgl. Claus Müller, *Ist theologische Ethik philosophisch möglich?*, Frankfurt/ Bern 2002.

7 Vgl. Beitrag von Horst Beintker zur Ethik, in: *Internationaler Schleiermacher-Kongress 1984*, hg. von Kurt-Victor Selge, Berlin 1985

8 Vgl. Christe, *Kirche und Welt*.

der Berliner Universität, ohne Überpreuße zu sein, Kirchen-
politiker, der auf die Unterscheidung und Freiheit der Kirche vom Staate und die ebenso freie und doch verankerte
Kirchenunion drängt, ohne die Freiheit von und in der eigenen Kirche (oder gegenüber Luther, Calvin und Zwingli)
zu verlieren. Einer der wenigen großen Denker in Romantik
und Idealismus, der Prediger bleibt, und in beidem bisweilen überraschend modern: er wendet sich gegen Kolonien,
Todesstrafe, Angriffskriege, verwendet sich für eine verfas-
sungsgemäße Gesetzgebung, Völkerrecht und Staatenkonfö-
deration, fördert die Einsicht in den arbeitsteiligen Charakter
und die Differenz der Gesellungsformen wie die Eigenheit
der Kultursphären, tritt ein für Synodenverfassung, Freiheit
der liturgischen Ordnung wie eine Kircheneinheit in Vielfalt,
weiß in den vielen Religionen die eine zu erblicken, warnt
davor, dass die Kirche zur selbstgenügsamen Sekte herun-
terkommen könnte.[9]

In allem erblicken wir ein wiederkehrendes Muster, dieselbe
aus der Mystik erwachsende und entspringende Freiheit, den
Respekt für die Verschiedenheit der Sphären, die sich doch
der Einheit und Einmaligkeit des einem jeden zugehörigen
Gottesbewusstseins verdanken. Ein lebbares und liebenswür-
diges Christentum, das gerade darin die Strenge seiner Gründung und Kontur nicht verleugnet, sondern offenbart.

„Dem gewöhnlichen Theologen wird zunächst wirr zumu-
te, wenn er diesen Gedankengang aufzunehmen sucht, in
welchem der radikalste Zweifel und unmittelbare aus der
Gnade lebende Frömmigkeit, rückhaltlos moderne Ansicht
von Menschen als Erdwesen und religiös tiefsinnige Schau
des Seins des Menschen in Gott, rein menschliche Ansicht

---

9   Vgl. Kurt Nowak, *Schleiermacher*, Göttingen 2001, S. 337-371, 378ff.

Jesu und nahezu orthodoxes Bekenntnis zu seinem Eins-
sein mit dem Vater [...], Aufhebung der Kirche in die Idee
eines Tempels der Menschheit und Bejahung der Kirche als
der geschichtlichen Trägerin des Geistes Christi zu einer un-
auflöslichen Einheit zusammengeklammert sind. Dies ist der
ganze echte Schleiermacher," der alle künftigen Probleme
des Christentums vorausgeahnt und es als Seele in der Seele
der Menschheit und Geist in ihrem Geist darstellen wollte.
„Dies wird aber nur gelingen, wenn [...] über aller Reflexion
eine aus dem Geist Christi als dem der Andacht und Liebe
geborne wort- und sprachlose Gottinnigkeit als das Höchste
und Letzte steht."[10]

Johann Michael Sailer (1751-1832)

Sailer ist, darin Schleiermacher nicht unähnlich, ein Genie
der Freundschaft, des Austauschs, der Fähigkeit, das Wesen
des Christentums einfühlend und hellsichtig von innen und
außen, in Gemeinsamkeit mit allen Suchenden und deutlicher Konturierung gegen einseitige Auslegungen wahrzunehmen und darzustellen. Dadurch geriet er mit vielen
Menschen quer durch alle Fronten in engen Kontakt und
zugleich zwischen alle Fronten. Als Ireniker musste er stets
auch kämpfen und sah sich vielen Verdächtigungen ausgesetzt. Der Schüler Benedikt Stattlers und Ex-Jesuit (der Kant
ohne Berührungsängste las, wenn er ihn auch theonom zu
deuten versuchte, ein nüchtern-ethisches Bild von der Kirche
hatte und dem das Christentum Erfüllung des Glückselig-
keitsstrebens war) wurde als Aufklärer gefeiert und gefeuert,
als mystisch gestimmter Mystagoge verehrt und verleumdet,
war mit 30 Jahren schon zum ersten Mal ungnädig entlas-

---

10 Emanuel Hirsch, *Geschichte der neuern evangelischen Theologie*, Gütersloh 1960, Bd. 4, S. 570f.

sen, nutzte diese Brachlandzeiten, wie er sie bezeichnenderweise nannte, für die Komposition eines Gebetbuches, das Epoche machen sollte, und die Übersetzung der ‹Imitatio Christi› sowie für einen umfangreichen Briefwechsel mit Lavater, Claudius, Jacobi, die in ihm ein Verständnis für die tiefreichende Unendlichkeit und Genauigkeit des ahnenden Gefühls und eine Kenntnis des Pietismus wie der französischen Mystik (Poiret, Fénelon) vermittelten. Später kam das romantische Interesse für das Übernatürliche, die Tradition und das Organisch-Gemeinschaftliche hinzu.

Sailer lebt zwischen den Zeiten, die sich in ihm überlappen, verwerfen, zueinander fügen. Er ist in der praktischen Philosophie Kant nicht fern, in Metaphysik und Gemüt Jacobi und Schleiermacher, auch der Weisheit Schellings zugewandt, in Alltag und Theorie ein rationaler und einfühlender Erzieher (Pestalozzi), mit mystischen Kreisen wie der Allgäuer Erweckungsbewegung und dem Pietismus in engem Kontakt, ohne sein priesterliches Umfeld aufzugeben. Im Gegenteil, er war der große Erzieher und Seelsorger der Theologen um 1780-1830, Zeuge eines weisheitlich gelebten und bedachten Christentums. Als erster benutzte er die Muttersprache in theologischen Vorlesungen, betrachtete die systematische, seelsorgliche und kulturelle Erziehung als einen organischen Vorgang und verstand sich so als Priester- und Menschenbildner, schrieb eine Pädagogik (Erzieher für Erzieher), eine Pastoraltheologie, eine Apologetik und endlich eine Moraltheologie, die sich nicht primär auf Norm und Gesetz, sondern auf das Gebot der Liebe und den Ruf des Gewissens gründete. Die besten Intuitionen und Intentionen von Rationalität und Mystik, Aufklärung und Romantik vereinen sich in seiner frommen, klaren, anziehenden Gestalt und Prosa.

Sailer liebte es, das Gemeinsame zu heben, das alle Menschen ahnen und teilen, das dem praktischen Leben erwachsende und es fördernde Gut, das aus Gott stammt und zu ihm führt; ihm galt seine innige und wach-unterscheidende Aufmerksamkeit in aller Lektüre, in jeder Begegnung. Daraus erwuchs seine Toleranz den Theisten gegenüber, ihnen war er in gelassener Frömmigkeit zugetan. „Es ist ein Gott, dessen Gegenwart und Ruf jeder spüren, vernehmen, befolgen kann. Er ist das Elementarste und Sublimste, das durch die Natur spürbar, in Gewissen und Vernunft vernehmbar, durch Weltregierung glaubbar, durch Propheten und Weise erkennbar, in der Fülle der Zeiten durch den Einen anschaubar, durch den Geist dieses Einen genießbar gemacht und der einst Alles in Allem sein wird."[11] In der ‹Erzählung eines Reisenden› sieht er Kant, Fichte, Reinhold, Jacobi, Hamann und andere Zeitgenossen auf der Suche nach diesem Einen und weiß sich mit ihnen auf dem Weg. Die weitverzweigte Gemeinschaft der Theisten verdankt sich keiner Abstraktion oder Reduktion, sondern der konkreten Einfühlung in die Gegenwart Gottes in der Welt und im Gemüt der Suchenden, also einer merkwürdigen Verbindung und Unterscheidung von mystischer Urverbundenheit und hellsichtiger Rationalität, dem Geiste eines human-mystisch-sapiential gestimmten Augustinismus nicht fern.

Diese demütig-hochgemute Sicht aus der Einheit und auf sie zu bewährt sich auf allen Stufen ihrer Realisierung. Mit den Philosophen geeint in Gott, mit den Protestanten im Christentum, mit den Katholiken in geselliger und sakramentaler Kommunikation, mit allen in toleranter Frömmigkeit. „Es ist ein Gott; Gott ist in Christus; Christus ist das Heil der

---

11 Sailer, WW 8, S. 107. Zit. nach Franz Georg Friemel, *Johann Michael Sailer und das Problem der Konfession*, Leipzig 1972, S. 112.

Welt, für uns und in uns gegenwärtig." Diese schlichte und doch genau gesetzte und rhythmisierte Grundformel seines Christentums war die Magna Charta seiner Weltsicht, seiner Theologie und seines Verhaltens. Wer sähe hier nicht die Matrix der künftigen Kurzformeln des Glaubens bei Rahner?

Bei alldem handelt es sich nicht um einen trüben oder gleichmacherischen Mystizismus, sondern ein genaues Konzept von Vernunft. Diese ist für ihn das Organ der Wahrnehmung und Wahrgebung des Subjekts, der Welt und aller ihrer Bezüge.[12] Sie kommt freilich erst zu sich selbst, sozusagen auf ihre eigene Höhe und Tiefe, wenn sie sich als gottvernehmende weiß, die sie in Wahrheit und wesenhaft ist. Gottes Geist verwandt zu sein, ihn zu suchen und zu finden, als Ruf, Stimme, Wirklichkeit zu vernehmen und von daher allem seinen Ort und seine Proportion geben zu können, ist ihre Bestimmung. Erst von hier aus wird der Mensch vernünftig, gewinnen Moral und Leben ihre Wahrheit und ihr Gewicht. Gedanken des augustinisch getönten Ontologismus und die Gründung der Moraltheologie fließen hier zusammen. Die Gottesgewissheit ist das Fundament allen Erkennens und erst recht das Maß des Gewissens. „Das lebendige Bewusstsein Gottes in seinem Verhältnis zur Menschheit, und der Menschheit in ihrem Verhältnis zu Gott, das ist die reife Vernunft, die den Menschen zum Menschen macht." Sie ist die conscientia als Wesens- und Lichtmitte des Menschen. Wo immer ein Ruf, eine Bestimmung klar vernommen wird und die Freiheit so in Anspruch nimmt, dass darin die Würde meiner und des anderen sich bewahrt und bewährt und der Wirklichkeit Gerechtigkeit widerfährt, da ist

---

12 Vgl. Bertram Meier, *Die Kirche der wahren Christen*, Stuttgart 1990, S. 59–68; Barbara Jendrosch, *Johann Michael Sailers Lehre vom Gewissen*, Regensburg 1971.

Gott den Menschen nahe, zugleich unmittelbar und indirekt erkannt als Bedingung der Möglichkeit der Wahrheit, Liebwertheit und Wirklichkeitsdichte des Seins. Wer auf sein Gewissen und die Welt in solcher Gesinnung hört, vernimmt den Ruf Gottes selbst, weiß sich ihm unterstellt, darin unbedingt angegangen und zu verantwortlichem Tun befreit.[13]

Das an Schleiermacher faszinierende Zugleich von Heteronomie und Autonomie, mystischer Gottnähe und realistischem Differenzierungsvermögen finden wir auch hier: Liebe und Gewissen als Formprinzip und Grundhaltung der Moral, wo Freiheit und Ethos, Selbsterhaltung und -vervollkommnung wie die Pflichten gegen die anderen und Gott, gegen den Staat, Familie und Kirche, Schicksal und Beruf miteinander wachsen und sich gegenseitig bestimmen. Und es ist bezeichnend, dass die Lehre vom Beruf mit einer ausführlichen und einlässlichen Behandlung des gerechten Gewinns als der Grundlage allen Handels und Wirtschaftens schließt. Es ist, als ob der mystische Hintergrund zu kritischer Differenzierung in der Betrachtung der Gesellschaft und genauer Phänomenologie des Wirklichen befreite. Ein Vergleich zwischen den drei Ethiken Schleiermachers und der Moraltheologie Sailers wäre da sicher aufschlussreich.

Wie sein Berliner Pendant hat auch Sailer vielschichtig in die Kultur-, Universitäts- und Kirchenpolitik des Staates eingegriffen, war Berater von Bischöfen und Königen, vielfach verleumdet (selbst von Klemens Maria Hofbauer, der weder die mystische noch die rationale Ader Sailers ertrug), versetzt, in mannigfache Kontroversen verstrickt (besonders qualvoll jene um die ganzheitliche Priesterbildung mit dem

---

13 Johann Michael Sailer, *Handbuch der christlichen Moral*, 3 Bände, München 1817, I, S. 42; II, S. 120.

streng aufgeklärten Regens Matthäus Fingerlos in Landshut). Beide waren Professoren und Politiker, glänzende Prediger und Seelsorger, skeptische Fromme aus dem Geist der Aufklärung, denen sich je länger desto tiefer auch der Geist Christi und der christlichen Kirche erschloss. Sie hielten in ihrer lichten und bedachten Frömmigkeit Welten zusammen, die den meisten auseinander fielen und unterschieden dort, wo viele den einfacheren Weg der Vermischung und des Kompromisses gingen. Eine Wahrung chalcedonensischen Taktgefühls aus dem Geist aufgeklärter Mystik?

Dazu ein kleines, in seiner frischen Demut bewegendes Zeugnis von Sailer zu Kant:

Ich halte mich viel, viel zu gering, über die Gedankenformen eines so großen Mannes zu urteilen. Aber wie mir die Sache einleuchtet, kann ich dir nicht verhehlen. Ich meine, aus der ‹Kritik der reinen Vernunft› könne man Nüchternheit der Vernunft, und aus der ‹Kritik der praktischen Vernunft› Reinheit des Willens lernen, wie man es aus anderen Büchern so leicht nicht lernen wird. Diese zwei Gaben, Nüchternheit der Vernunft und Reinheit des Willens schätze ich mehr als alle Philosophien und ungleich mehr als alle einzelnen Meinungen [...]. Bei aller Hochachtung für die Resultate des kantischen Denkens kann ich mich in die Prinzipien, woraus diese Resultate hergeleitet werden, und in den Gang des Schriftstellers noch nicht finden.

(Brief an Jung-Stilling vom 1. Juli 1789).[14]

---

14 Meier, *Kirche*, S. 178.

So könnte man damals, wenige Tage vor der Revolution, auch unter Frommen von der Sache der Aufklärung sprechen, ihr gewogen und doch nicht verfallen, einig und unterscheidend, demütig und doch nicht untertänig, hochgemut, nie aber hochmütig. Sailer ein Franz von Sales der Romantik, ein liebenswerter Theologe der Liebe, zugleich moderner Mystiker, allgemein gefeiert und geliebt, der Philosoph Gottes, wie Ricarda Huch ihn in ihrem Buch zur deutschen Romantik[15] beschreibt?

Eigenständigkeit der Religion aus dem Geist der Mystik, die zugleich ihre qualifizierende Gegenwart und Kompetenz bewahrt und bewährt, sich frei auszudrücken und darzustellen weiß, zwischen Moral und Dogma, Kunst und Geselligkeit beheimatet ist und in einem gelösten familiären und sozialen Lebensstil sich konkretisiert, das scheinen mir die Koordinaten der Religion zwischen den Zeiten zu sein. „Im Gefühl, von Gott und nur von Gott schlechthin abhängig zu sein, erfährt die christliche Gemeinde ihre unvergleichliche, weil das Leben zur Gemeinschaft mit Gott steigernde Freiheit."[16]

---

15 Ricarda Huch, *Die Romantik: Ausbreitung, Blütezeit und Verfall*, Tübingen 1964, S. 379, 476, 564, 568.

16 Jüngel, *Indikative*, S. 350.

Bibliographische Anmerkung

Abschließend sollen die wichtigsten Anregungen vermerkt werden, ohne die die Skizze, in der sich mehrjährige Lektüre- und Probeläufe verdichten, nicht hätten geschrieben werden können. Da sind die großen Sammelbände: *Internationaler Schleiermacher-Kongress 1984*, hg. von Kurt-Victor Selge, Berlin 1985: für mich hilfreich die Beiträge von Gerhard Ebeling (S. 21-39), Hans Dierkes (S. 61-102 zu Schlegel), Horst Beintker (S. 313-332 zur Ethik), Thomas Lehnerer (S. 409-422), Rainer Volp (S. 423-438 zur Ästhetik), Wilhelm Grab (S. 643-660) und Wolfgang Steck (S. 717-772) zur Pastoral. Die deutschen Leser seien auf zwei große Bände in italienischer Sprache hingewiesen: Archivio di Filosofia 52 (1984), S. 13-614; Giorgio Penzo / Marcello Farina, F.D.E. Schleiermacher tra filosofia e teologia, Brescia 1990 (für mich fundamental die Beiträge von Roberto Osculati, Giovanni Moretto und Sergio Sorrentino zu Freiheit und Inspiration und dem Verhältnis zum transzendentalen Denken).

Ungemein anregend ist die Schleichermacher-Vorlesung Karl Barths von 1923/24: *Die Theologie Schleiermachers*, hg. von Dietrich Ritschl, WW II, 11, Zürich 1978, S. 328ff.; Emilio Brito, *La pneumatologie du sacré*, Leuven 1994, S. 622-628; Wilhelm Christe, *Kirche und Welt*, Frankfurt 1996, S. 14-46, 53ff., 265ff.; überraschend die pointiert-einfühlenden Essays von Eberhard Jüngel, *Indikative der Gnade – Imperative der Freiheit*, Tübingen 2000, S. 252ff., 330ff.; unerlässlich für meine Lektüre die Einsichten von Dietrich Korsch, *Dialektische Theologie nach Karl Barth*, Tübingen 1996, bes. S. 109-129, 257-272; ders., *Religion mit Stil*, Tübingen 1997, S. 17-40, 69-88; ferner Claus Müller, *Ist theologische Ethik philosophisch möglich?*, Frankfurt/Bern 2002; Thomas Nonte, *Selbstbewusstsein als Topos der Theologie*, Frankfurt 2000; Bernhard Pfeiffer, *Schlechthinnig abhängig – radikal herkünftig*, in: FrZPhTh 42 (1995), S. 69-100 (Schleiermacher und Rahner); Maciej Potepa, *Schleiermachers hermeneutische Dialektik*, Kempen

1996; Thomas Pröpper, *Evangelium und freie Vernunft*, Freiburg 2001, S. 129-152; Enno Rudolph, *Theologie diesseits des Dogmas*, Tübingen 1994, S. 71ff., 117ff., 182ff.; Gunter Scholtz, *Die Philosophie Schleiermachers*, Darmstadt 1984; Markus Schröder, *Die kritische Identität neuzeitlichen Christentums*, Tübingen 1996; Konrad Stock, *Gottes wahre Liebe*, Tübingen 2000, S. 62-74, 215-220; Falk Wagner, Was ist Theologie, Gütersloh 1989, S. 47-72.

Die Zitate aus Sailer entstammen dem Handbuch der christlichen Moral, 3 Bde, München 1817, I 42f.; II 120; dazu Franz Georg Friemel, *Johann Michael Sailer und das Problem der Konfession*, Leipzig 1972; Barbara Jendrosch, *Johann Michael Sailers Lehre vom Gewissen*, Regensburg 1971, S. 174ff., 214ff; Bertram Meier, *Die Kirche der wahren Christen*, Stuttgart 1990, S. 59-68; 259-277; anziehend die Einführung von Georg Schwaiger, *Johann Michael Sailer. Der bayerische Kirchenvater*, München 1982; Manfred Weitlauff, *Priesterbild und Priesterbildung bei Johann Michael Sailer*, in: MThZ 46 (1995), S. 69-98. Ein Überblick zur Sailer-Forschung: Johann Hofmeier, *Identität und Aktualität des Glaubens*, in: ThRv 79 (1983), S. 89ff.

Was ist Kult?

Zum Verhältnis von Liturgie und Leiblichkeit

Von der Liturgie wird kaum noch etwas und zugleich zuviel erwartet. Da sie der geläufigen Meinung zufolge keine übernatürlichen Gnaden mehr vermittelt und ihr sakral-archetypischer Charakter wenig erkannt und gepflegt wird, erhofft man sich dort seelische und soziale Bereicherung, menschlich verifizierbare Wirkungen – die enttäuscht werden müssen. Wie soll man da von Liturgie, gar von Kult reden? In den folgenden Zeilen wählen wir eine besondere, oft vernachlässigte Optik. Es soll um das Verhältnis von Kult und Leiblichkeit gehen, wobei ich mich bemühe, einen neuen Blick auf den Kult vom Leiblichen wie ebenso auf die Wirklichkeit des Leibes vom Kult aus zu werfen, um sodann einiges zu den Grundgesetzen der Liturgie zu sagen.

Das Wort: Der gepflegte Umgang mit Gott und Welt

Kult ist eine der grundlegenden Formen von Kultur, der Hut und Pflege von Welt und Mensch im Blick auf ihr Gottesverhältnis. In ihm wird die Verbindung von Himmel und Erde, Leib und Geist, Mensch und Kosmos so begangen, gefeiert, begründet und erneuert, dass die Welt bewohnbar, das Leben lebbar scheint, weil auf ihren göttlichen Grund hin transparent, mit ihm versöhnt. Die Verehrung Gottes (latria) wie die Vergegenwärtigung des Mythos, des arche-typischen Grundes der Welt, erweisen sich als Rahmen und Wurzel der Ehrfurcht vor der Wirklichkeit und eines angemessenen Umgangs mit ihr. Deshalb ist ‹colere› – ‹cultus› der Inbegriff aller humanen Vollzüge, wie auch das verwandte ‹leitourgia› jeglichen öffentlichen Dienst im Interesse des Volkes meint, der ganz selbstverständlich den Gottesdienst einschließt.

Kult als Symbolvollzug zwischen Kultur und Mythos

Kult ist Ritus, in dem sich der Mythos einer Epoche fasst. Mythos meint das umfassende Weltbild einer Kultur, wie es sich in ihrer Philosophie und vor allem in den sie begleitenden und deutenden Erzählungen und Geschichten darstellt. Im Ritus werden diese so in den Alltag hinein übersetzt, dass das Leben sich im Lichte jenes tragenden Selbstverständnisses reflektiert, sammelt, neu interpretiert und verwandelt. Im Kult vollzieht sich der prekäre (‹precarium›, des Gebetes würdige und bedürftige) Übergang von Mythos und Leben, werden beide füreinander übersetzbar. Man muss den Kult deswegen als fundamentale Ausdruckshandlung wie als transzendentale oder hermeneutische Grundsituation der Existenz bezeichnen, weil in ihm die gängige Lebensordnung sich ausprägt, weitet und neu gründet, in anderem Licht erscheint. Der Kult lebt also ganz von der Substanz der Ängste, Freuden, Hoffnungen, den Rhythmen und kleinen Riten des Alltags, die er aber zugleich unterfängt, stützt, wandelt, wie der Dichter sich in seiner Muttersprache bewegt und sie zugleich um ungeahnte Dimensionen und Ausdrucksmöglichkeiten bereichert. Der Kult erscheint so als die Instanz, in welcher Welt, Leib, Geist, Alltag sich im Licht des Mythos als Gleichnis, als vorläufig und doch sinnvoll, als offene Parabel, als sich auferlegt (als Geschick) und als begnadet begreifen und feiern. In seinem Raum ist alles nicht nur, sondern *sogar* ein Gleichnis; es wird liebens- und bedenkenswert, Stelle, an der Gott zur Welt kommen kann.

Kult als Drama: Unterbrechung und Wandlung

Der Kult ist außer-ordentliche Situation, Fest, dramatische Aufführung mit eigenen, ausgesonderten Darstellern und Mittlern (Priester); er spielt in gesonderten Zeiten und Räumen, unterbricht somit die Kontinuität von Zeit und Raum wie den üblichen Gang der Dinge, zerstört Gewohnheiten und stellt so das Leben vor Gott hin, stellt es ihm anheim, bringt es ihm opfernd dar. Aber er tut dies nur, um die Bedeutung des Lebens von seinem Realitätsgrund her zu erneuern, es verwandelt als Gabe wieder zu erhalten. Deshalb vollzieht sich der Kult außerhalb des Lebens und ist ihm doch vertraut, er sprengt dessen engen Rahmen und ist doch in sich konservativ und verlässlich. Er ist der jeweiligen Kultur angemessen und doch fremd, sie auf das Neue hin sprengend, darin der Metapher vergleichbar, die das Vertraute ins Neue und Unvordenkliche hinein übersetzt und von dorther verstehen lehrt. Man kann den Kult als ‹insegnamento› verstehen, insofern hier Leben als Zeichen, als Symbol eines größeren Zusammenhangs erscheint. In ihm verwandeln sich Zeit und Raum, Einsamkeit und Gemeinschaft, Leib und Geist, die Formen menschlicher Selbstauslegung. So sammelt und wandelt sich im Kult die Zeit: die Vergangenheit wird nicht mehr verdrängt, verteufelt oder glorifiziert, sondern als und in der memoria vergegenwärtigt; in nüchterner Dankbarkeit und Reue erscheint sie dem Beter als gewährte oder auch vor Gott verfehlte und neu von ihm her ver-gebene Zeit. Die Zukunft ist nicht Objekt von Planung, Träumen oder Traumata, sondern Advent, Entgegenkunft von Sinn, Raum der Zuversicht und Hoffnung. Und die Gegenwart ist nicht flüchtig vergehende noch steht sie unter dem Druck unendlicher Erfüllung (Stress), sondern gibt sich der gastfreien Aufmerksamkeit als Kairos und Gabe, als gestundete Möglichkeit. Die verschiedenen Lebensräume verlieren sich nicht mehr im Chaos, im Endlosen des Universums, sondern erweisen sich als Universum, als ins Eine gefügt, als Fülle von Gegenwart, wie sie sich in Tempeln, Kirchengebäuden, Bildern und Bühnendramen darstellt. Endlich ist der Leib, im Licht des Kultus betrachtet, nicht nur todesverfallen, die Geburt nicht einfach zufällig, der Tod nicht dumpfes Geschick, die Krankheit nicht nur Fatalität: das Schöne ist mehr als nur auszukostende Gelegenheit, die Ehe mehr als Idylle oder soziale Verpflichtung: im Raum der Liturgie erscheinen sie alle vielmehr als Gefäße, als Raum und Stadien inkarnierter Freiheit, die den Menschen anrufen, begnaden, fördern und fordern, ja überfordern und in denen er der Gnade bedürftig ist, die sich zugleich mit der größeren Ordnung des Kosmos in ihnen, auslegt und gewährt.

Freiheit und Zwang: Funktionalität und Transzendenz des Kultes

In alldem ist der Kult für die Kultur funktional und doch jede Funktion übersteigend, konventionell bindend und doch fremd und zweckfrei, sozial notwendig, weil er die Aggressionen und Triebe, die die Gesellschaft bedrohen, freisetzt, bündelt und in andere Koordinaten über-setzt, und doch keineswegs nur gesellschaftsbedingt (gegen und mit Girard, Turner, Durkheim, van Gennep u.a.). Er ist psychologisch bedeutsam und doch jedes Konzept von Individuation und Individualität sprengend (mit und gegen Jung, Erikson), begründet Kommunikation auf vielen Ebenen und ist doch selbst nicht in einem plakativen Sinn kommunikativ. Diese vielfache Zweideutigkeit wird heute nicht genug beachtet, weshalb man in humanistischer Engführung zu viel und zu wenig, eben nur funktional Nützliches, sozial oder psychologisch Erfahrbares von ihm erwartet und deshalb leer ausgehen muss. In der Tat, der Kult ‹bringt nichts›. Der wirkliche Kult erschöpft sich nicht in sich selbst oder seiner Funktion, sondern ist nutzlos-zweckfrei wie der Kirchenraum, offen nach oben und unten, vorn und hinten, ist nie willkürliche Setzung, sondern memoria einer unvordenklichen Stiftung, er kommt uns entgegen, birgt uns in sich ein, ein ernstes Spiel, genau geordnet und das Leben spiegelnd und darbringend. Und darin wird dieses selbst Ort und Vollzug eines allgemeinen Gottesdienstes (Röm 12,1; 1 Kor 3,10-17; 1 Petr 2,5; Eph 2,20 ff.), weil es als Symbol der Nähe und bleibenden Ferne Gottes erscheint.

Gebärden inkarnierten Geistes: Formen des Kultus

Kult ist deshalb ein leibseelischer und spiritueller, einsamer und gemeinschaftlicher Vorgang, der sich vielfältig auslegt. Gebet ist einsamer Vollzug des Herzens, da jeder einmalig von seinem Gott angesprochen ist und ihm antworten muss. Ein jeder ist Monade und Mönch, hat sein unmitteilbares Geschick vor Gott und sich selbst auszutragen, und dem verleiht das Gebet Würde, Form, Lebbarkeit. In solcher Tiefeneinsamkeit kommen die verschiedenen Subjekte zusammen, verstehen sie einander und tragen dieses ihr Einander, diese Urverbundenheit in Lachen und Weinen, Tod und Leben, Schuld und Gnade vor Gott. Da ist das Gebet in Form von Dank (weil Gott nah und Leben, Geschenk und Fügung ist) und demütiger Bitte um Schutz und Geleit, von zweckfreiem Lob (aus Freude am Dasein des größeren Mysteriums) und bebender Klage (die vor Gott die lastende Nähe und ebenso versehrende Ferne einklagt), von befreiter Erzählung der Lebensgeschichte, in welcher der Beter Spuren der Gnade erblickt, und zerknirschtem Geständnis der Schuld, von Opfer und Reinigung (da wir nie Gott genügen können) und Erhebung von Gemüt und Geist. Und all dies drückt sich in einer Fülle von leiblichen Gebärden aus, die allesamt vieldeutig sind: Stehen (Stolz und Gnade, Bereitschaft, Einstehen für das Leben und vor dem Heiligen), Sitzen (Hören und Nachdenken), Prostration, Knien, Verbeugen (Ehrfurcht, Demut), Ausbreiten der Arme (Ausgespanntsein am Kreuz, Wehrlosigkeit, Umfangen des Kosmos), Handauflegung (Enteignung und Inbesitznahme seitens der Tradition, Trost, Investitur, Geistübergabe), Erhebung der Gestalten (Darbringung und Offenbarung, Zeigegestus), Kreuzzeichen (memoria von Kreuz und Trinität, Verbindung von Vertikale und Horizontale, Kopf und Personmitte), Prozession, Tanz, Reigen als Abbildern der bewegten Ordnung des Kosmos, endlich die Person des Priesters, die, herausgehoben und vermittelnd, das Andere und Huldreiche Gottes darstellt. Die Sakramente beziehen die geistige und materielle Wirklichkeit, alle Elemente ein, die Leben ermöglichen (Wein, Brot, Wasser, Öl, Feuer, Blut), und versuchen darin, Leben, Geburt, Krankheit, und Tod, Pubertät (Firmung, Übergangsriten) und Ehe, Gelingen und Scheitern zu begleiten, deuten, tragen. So wichtig dabei das deutende und inspirierende Wort ist, so sehr mündet der Kult doch immer wieder in Lied und schweigende Gebärde, den wortlosen Jubel (man denke an den Allelujagesang) und den Gruß, die elevatio und das staunende Schauen, also in Gesten, in denen sich die Menschen vergessen und deshalb jenseits aller Trennung und in ihr geeint wissen.

Kult als Wandel in/von Geist und Leib

Geist (pneuma, mach) wird hier nicht intellektuell und Leib nicht bloß körperlich, sondern beide als Lebenselement verstanden und sichtbar, als zwei Auslegungen und Dimensionen des Geschöpflichen. Pneuma ist nur als mächtige; den Leib angehende Gegenwart zu verstehen, als Wirklichkeit des Mitsammen, als wandelnde Kraft der Verbindung und Verbindlichkeit von Leben. Von daher verstehen wir die schwebende Bedeutung des Wortes Leib bzw. Leib Christi im Kultmysterium des Christentums. Da ist einmal der irdisch konkrete Leib Jesu, der im Rückblick als Gefäß, als konkrete Form des inkarnierten Logos wie des Pneuma erscheint und deshalb aktives Prinzip der Machttaten und Wunder, also Zeichen der verwandelten Wirklichkeit des Reiches Gottes ist; sodann der geschundene Leib am Kreuz, reine Passion und wehrlose Ausgesetztheit, der Leib als Körper, als Objekt; da ist der verklärte Leib des Auferstandenen, wie er sich schon auf Tabor darbot und durchsichtig ist auf den lebensspendenden Geist Gottes; dieser verwandelte Leib ist höchst individuell, verweisend-exklusiv, entzogen und deshalb licht, strahlend, kommunikativ: er weitet sich inklusiv zum Leib der Kirche und der Eucharistie, also zum mystischen Leib, der die Gegenwart von Tod und Erstehung, die Geschichte der Verwandlung des Leibes, erinnert und vergegenwärtigt. Der Leib, der individuelle, unmitteilbare Wirklichkeit ist, die den Menschen bedingt und umschließt, wird in der Eucharistie zur Gabe, zur unbegrenzten Mitteilung von Gegenwart und Geist. Nur in dieser fünffachen Bedeutung der gegenseitigen Bestimmung von Geist und Leib ist die Rede vom Leib Christi und vom Geist Gottes wahr und unterliegt nicht magischen oder spirituellen Reduktionen.

Ambivalenz des Ritus: Kult und Kultkritik

Auf der Grenzscheide von Leib und Geist, Leben und Konvention, Funktion und Transzendenz, Ritus und freier Gnade, Notwendigkeit und Freiheit angesiedelt, als Vollzug, der das Ganze des Lebens meint und doch partiell bleibt, ist der Kult zweideutig, einer ständigen Verfallstendenz unterworfen. Einmal wird er immer wieder das Zwanghafte, Rituelle, Abgelegene zelebrieren und so als Relikt einer vergangenen Kultur erscheinen. Oder er mag das Gewohnheit und Gesellschaft Unterstützende herauskehren und sich rein funktional definieren. In beiden Fällen wird er seiner Symbolkraft beraubt. Hinzu kommt, dass er als mimetischer Akt nicht einfach dem natürlichen Lebensgestus entspricht, sondern ein ritualisierter Vollzug ist, der die alltäglichen Gesten nachahmt und dabei verfremdet, verkürzt, stilisiert. Die Beichte ist kein Gespräch, die Kommunion kein Mahl im Freundeskreis, die Taufe kein Bad, die Firmung keine Form von Lebensberatung. Leben wird im Ritus nicht einfach imitiert oder wiederholt, sondern gefeiert und verdichtet, auf verknappte und verfremdete Weise begangen: von daher die Notwendigkeit und Gefahr der Mechanisierung, des Stereotypen. Der Kult wird zum entlegenen, eilig vollzogenen und doch langweiligen Ritus, der die Wirklichkeit weder zu fassen noch auf sie heilend-kritisch zurückzuwirken vermag. Von daher die Gefahr, dass der Kult sich dem Leben entfremdet, dieses gar erstickt. In diesen Formen des Verfalls wird das freie Gott-Mensch-Verhältnis zerstört, der Kult, der Anbetung sein sollte, verzweckt, magisch verfestigt, entstellt. So sehr dieser Vorgang bis zu einem gewissen Grad dem Leben Sicherheit gibt und berechtigt ist, so sehr droht er die Religion zu pervertieren. Deshalb ist die Geschichte des Kultus auch immer die seiner Reform von innen und seiner prophetischen oder aufgeklärten Kritik von außen. Eine solche muss er nicht fürchten, so er seiner eigenen Symbolizität und Vorläufigkeit und der Tatsache eingedenk bleibt, dass er selbst Vollzug und deshalb auch Gegenstand des Opfers ist. Sofern dieses eine seiner Grundformen bleibt, wird der Kult sich selbst relativieren, auf den immer größeren Willen des Gottes und das Wohl der Menschen hin offen und verfügbar halten müssen.

Ausblick: Kult und Leben

Kult ist nicht Selbstzweck, sondern bei aller Traditionalität seiner Form Übergang, Pascha sowie Hochzeit von Kultur und Natur, Wort und Gebärde, Erde und Himmel, Mensch und Gott, Gegenwart des Vergangenen und des Zukünftigen. Er lebt von Reichtum und Armut des Lebens, von den Geheimnissen von Eros und Tod, Reifung und Minderung, und gibt diesen Geleit, ordo, Sinn. Und das Leben gewinnt an, in und aus ihm Bedeutung, seine spezifische Schwere und Leichtigkeit, wird zum Über- und Durchgang, zur Existenz im Tor, weil es seinen Ort gefunden hat und sich jenem Urgeheimnis anheimgeben kann, dem es sich verdankt und von dem es sich Bestand und Zukunft erhofft.

Textnachweise

Die Macht des Vielleicht. Christentum als Ereignis und Impulsgeber eines möglichen Stils, ursprünglich veröffentlicht unter dem Titel: *La forza del forse. Il cristianesimo come evento e fermento di uno stile possibile*, in: Elmar Salmann (Hg.), *Presenza di Spirito. Il cristanesimo come gesto e pensiero*, Padova 2000 (= „Caro salutis cardo", Studi 13), S. 7-20

Sacra morum elegantia. Über das Ideal des christlichen Gentleman, ursprünglich veröffentlicht unter dem Titel: Sacra morum elegantia. Sull'ideale del gentiluomo cristiano, in: Luca Monteferrante / Damiano Nocilla (Hg.), La storia, il dialogo, il rispetto della persona. FS für Kardinal Achille Silvestrini, Roma 2009, S. 255-257

Von Zeitenbruch und Lebenswende, in: Elmar Salmann, Der geteilte Logos. Zum offenen Prozeß von neuzeitlichem Denken und Theologie, Roma 1992 (Studia Anselmiana 111), S. 491-502

Geistlicher Fortschritt? Phänomenologisch-sapientiale Erwägungen, in: Jeremy Driscoll/Mark Sheridan (Hg.), Spiritual Progress, Roma 1994 (= Studia Anselmiana 115), S. 175-199

Erfahrung mit der Erfahrung. Die menschliche Freiheit zwischen Entscheidung und Erwählung, in: Klaus Arntz / Peter Schallenberg, Ethik zwischen Anspruch und Zuspruch. Festschrift Klaus Demmer, Freiburg 1996, S. 125-139

Gezeitigte Freiheit – Gefreite Zeit. Erwägungen zur menschlichen ‹Mythobiographie›, in: Josef Quittener / Armin Schwibach (Hg.), Der Aufgang der Wahrheit. Die Konstruktion der Wirklichkeit. Festschrift Carlo Huber, Zagreb-Innsbruck-Rom 2001, S. 87-100

Die Geburt der Neuzeit aus dem Geist der Mystik, in: Th. Schäfer/ P. Schallenberg/U. Zelinka (Hg.), Zur Mission herausgefordert. Festschrift B. Kresing, Paderborn 1999, S. 65-74

Perücke und Kniefall. Denk- und Darstellungsweise des Barock, in: ThGl 95 (2005), S. 347-354

Frömmigkeit und Weltethos bei Schleiermacher und Sailer, in: Mariano Delgado / Gotthard Fuchs (Hg.), Die Kirchenkritik der Mystiker. Prophetie aus Gotteserfahrung, Band 3: Von der Aufklärung bis zur Gegenwart, Fribourg-Stuttgart 2005, S. 11-20

Was ist Kult? Zum Verhältnis von Liturgie und Leiblichkeit, in: Ecclesia Orans 12 (1995), S. 245-251

spuren
Essays zu Kultur und Glaube
hg. von Joachim Hake und Elmar Salmann OSB

Dominik Terstriep

Indifferenz
Von Kühle und Leidenschaft
des Gleichgültigen

192 Seiten, gebunden mit
Schutzumschlag
ISBN 978-3-8306-7387-3
14,80 Euro

Wie hält man es mit dem Vielen aus, mit einer Unzahl
von Informationen, Ansprüchen, Wahrheiten und Optionen? Indifferenz reagiert auf das Viele: strategisch als
kühles Spähen, kalt als unempfindliche Gleichgültigkeit,
menschlich-geistlich als gastfreundliche Offenheit,
leidenschaftlich als Wahl des als richtig Erkannten.

Dominik Terstriep, Dr. theol., Jesuit, Studium der Theologie in Münster und Rom. Dissertation in systematischer Theologie. Mehrjährige Tätigkeit in der Seelsorge
in Münster und München (Gemeinde, Universität,
Hospiz), seit Herbst 2009 in Stockholm.

EOS-Verlag Sankt Ottilien
www.eos-verlag.de | mail@eos-verlag.de

spuren
Essays zu Kultur und Glaube
hg. von Joachim Hake und Elmar Salmann OSB

Corona Bamberg

Askese
Faszination und Zumutung

224 Seiten, gebunden mit
Schutzumschlag
ISBN 978-3-8306-7329-3
14,80 Euro

Askese ist weit mehr als die Sorge um sich selbst.
Lassen, um zu erlangen, Maß finden im Überschwang
der Liebe, sterben, um zu leben. Das ist das Paradox
christlicher Askese und der Weg zu jener ursprünglichen Leidenschaft des Lebens, die – nach J.-L. Barrault
– ohne Gier glühend ist. In Ordnung, Offenheit und
Kampf gibt Askese dem Leben eine Richtung, die es
aus sich selbst nicht finden kann.

Corona Bamberg, Dr. phil., lebt im Kloster Herstelle/
Beverungen. Zahlreiche Veröffentlichungen zu Spiritualität und geistlichem Leben, u.a. Was Menschsein
kostet, Wer sich dem Anspruch stellt, Unter der Füh-
rung des Evangeliums.

EOS-Verlag Sankt Ottilien
www.eos-verlag.de | mail@eos-verlag.de

spuren
Essays zu Kultur und Glaube
hg. von Joachim Hake und Elmar Salmann OSB

Gottfried Bachl

**Eucharistie
Macht und Lust
des Verzehrens**

196 Seiten, gebunden mit
Schutzumschlag
ISBN 978-3-8306-7332-3
14,80 Euro

In der Eucharistie wird verzehrt und einverleibt. Der Tod wird nicht nur zitiert, er ereignet sich buchstäblich, er wird verübt und erlitten. Durch kein anderes Symbol wird der Mensch so stark an seine schwierige Lage erinnert, ein Esser und Trinker sein zu müssen. Inmitten der Gewalten von Verschlingen und Verzehren wird die Eucharistie verständlich als Sakrament der Rettung.

Gottfried Bachl, Prof. Dr. theol., 1932 geboren in Linz, von 1983-1998 Professor für Dogmatik an der Universität Salzburg. Veröffentlichungen u.a. Der schwierige Jesus, Gottesbeschreibung, Der beschädigte Eros.

EOS-Verlag Sankt Ottilien
www.eos-verlag.de | mail@eos-verlag.de